Vera F. Birkenbihl

Freude
durch Streß

W0033733

Dieses Buch war ursprünglich unter dem
Titel »Streß im Griff« erschienen, bevor
es in die Taschenbuch-Reihe der mvg
aufgenommen wurde.

Weitere Taschenbücher von Vera F. Birkenbihl in der Reihe
mvg-Paperbacks:

Kommunikationstraining – Zwischenmenschliche
Beziehungen erfolgreich gestalten
ISBN 3-478-03040-4

Erfolgstraining – Schaffen Sie sich Ihre Wirklichkeit selbst!
ISBN 3-478-03150-8

Psycho-logisch richtig verhandeln – Professionelle
Verhandlungstechniken mit Experimenten und Übungen
ISBN 3-478-03050-1

Signale des Körpers – Körpersprache verstehen
ISBN 3-478-02282-7

Zahlen bestimmen Ihr Leben – Numerologie – Ein
Weg zu mehr Menschenkenntnis
ISBN 3-478-02712-8

Stroh im Kopf? – Gebrauchsanleitung fürs Gehirn
ISBN 3-478-03670-4

Der persönliche Erfolg – Erkennen Sie Ihr Persönlichkeits-
profil und aktivieren Sie Ihre Talente
ISBN 3-478-08410-5

Vera F. Birkenbihl

Freude durch Streß

CIP-Kurztitelaufnahme der Deutschen Bibliothek

Birkenbihl, Vera F.:
Freude durch Streß/Vera F. Birkenbihl. —
7. Aufl. – Landsberg am Lech: mvg-Verlag, 1989.
   (mvg-Paperbacks)
   ISBN 3-478-02544-3

7. Auflage 1989

© mvg – Moderne Verlagsgesellschaft mbH
München/Landsberg am Lech
Schutzumschlag: Weisbrod Werbung
Druck- und Bindearbeiten: Presse-Druck Augsburg
Printed in Germany 020 544/989 602
ISBN 3-478-02544-3

Inhalt

Vorwort

Die Götter gaben uns ein langes Leben,
aber wir haben es verkürzt (SENECA)

Der Mensch (Homo) hält sich für die Krone der Schöpfung. Er hält sich für ein wissendes (sapiens) Lebewesen und damit auch für ein weises. Er begründet diese Aussage damit, daß sein Gehirn weiter entwickelt sei als das aller übrigen Lebewesen auf diesem Planeten. Weiterhin führt er als Argument an, der Mensch könne seine Situation kritisch und analytisch durchdenken, er könne sich selbst mit einer gewissen Distanz beurteilen und Entscheidungen aufgrund harter, nüchterner Fakten treffen.

Was er dabei außer acht läßt, ist die Tatsache, daß er nicht nur ein hochintelligentes Gehirn in seinem Schädel herumträgt, sondern auch den uralten Gehirnstamm, der heute noch mit Höhlenmensch-Reaktionen auf Gefahren des Atomzeitalters antwortet.

Die Elefanten, Tiger und Kaninchen dieser Welt sind nicht wissend, im Sinne eines Homo sapiens. Aber sie haben auch keine »Zivilisation« geschaffen, die das Glück des einzelnen sowie das Überleben dieses Planeten so beharrlich bedroht, wie der Mensch dies tut. Vielleicht sind dies nur »Kinderkrankheiten«? Vielleicht wird er noch »erwachsen«, vielleicht kann er es noch lernen, sich in die Rolle des wahren Homo sapiens hineinzuentwickeln?

Es ist eine *unbestrittene* Tatsache, daß das »Phänomen Streß« (VESTER) eines der Hauptprobleme des modernen Menschen geworden ist. Es ist eine *traurige* Tatsache, daß wir mit dem Fortschritt, den modernsten Entwicklungen und unserer Kultur auch dieses Problem in die unterentwickelten Länder hineingetragen haben. Heißt das aber, daß Fortschritt und Weiterentwicklung unbedingt mit den Leiden der Streß-Krankheiten bezahlt werden müssen?

Ich meine: Nein! Die Analyse hat gezeigt, daß Völker, die nicht unter zuviel schädlichem Streß leiden, noch in der Lage sind, die

Bedürfnisse ihres Gehirns zu befriedigen. Der moderne Mensch hingegen, der vor lauter Popmusik und Atomexplosionen die »Stimme der Natur« nicht mehr wahrnehmen kann, gefährdet nicht nur die Balance der Ökologie in seiner Umwelt, sondern leidet auch in immer gefährlicher werdenden Maßen an seiner Innenwelt-Verschmutzung.

In den alten Hindu-Schriften gibt es folgendes Gleichnis (aus den Schriften RAMAKRISHNAS):

> Ein *JNANI* (= einer, der Gott kennt) und ein *PREMIKĀ* (= einer, der Gott liebt) wandern durch einen Wald. Plötzlich taucht ein Tiger auf. Der, der Gott liebt, will fliehen. Aber der andere hält ihn zurück: »Ich kenne Gott«, sagt er, »und ich weiß, daß er uns beschützen wird!« Da aber erwidert der andere: »Zwar kenne ich Gott nicht so gut wie du, aber ich liebe ihn. Deswegen möchte ich es ihm leichter machen, mir zu helfen.«

Auch wir stehen heute vor dieser Entscheidung: Wollen wir den Dingen ihren Lauf lassen, wollen wir uns gewissen Gefahren aussetzen in dem blinden Vertrauen, Gott werde uns helfen, das Schicksal wolle es so oder es werde schon *irgendwie* weitergehen – oder wollen wir uns bemühen, uns selbst zu helfen?!

HANS SELYE, der »Vater der Streßforschung«, meint, die höchste Pflicht des Menschen bestehe darin (113) –

> das eigene Ich seinem inneren Vermögen entsprechend soweit wie möglich zum Ausdruck zu bringen und ein Gefühl selbstbewußter Sicherheit zu erlangen. Um dies zu erreichen, müssen wir zu allererst unser eigenes, optimales *Streßniveau* ermitteln ...

Nur diese Inventur ermöglicht es dem einzelnen, nicht nur Freude *trotz Streß*, sondern sogar Freude *durch Streß* zu erleben. Wollen Sie das? Können Sie das überhaupt noch wollen? Können Sie die Maxime »Jeder ist seines Glückes Schmied« akzeptieren? Oder sind Sie bereits so streßgeschädigt, daß Sie nur noch meinen können, es habe ja doch »alles keinen Sinn mehr«? (S. Streß-Test Nr. 2, Kap. 6)
Ich persönlich akzeptiere SARTRES These, daß der Mensch nur ist, was er aus sich macht, und daß ein intelligenter Homo sa-

piens sich bewußt »auf sein Ziel hin-entwickeln« wird. Ich bin der festen Überzeugung, daß jeder einzelne es in der Hand hat, *ob er sich durch Unwissenheit, Faulheit oder Unfähigkeit vorzeitig vom Streß vergewaltigen lassen will oder ob er ihn zähmen und für sich nutzbar machen kann!*

Des weiteren hat ja jeder einzelne nicht nur das eigene Glück, sondern auch das seiner Mitmenschen in der Hand. Wie wir noch sehen werden, bestimmen *Eltern* die Distreß-Position ihrer Kinder, *Lehrer* bestimmen, ob Kinder freudig oder »gestreßt« lernen werden, *Chefs* bestimmen, ob ihre Mitarbeiter tiefe Befriedigung oder Magengeschwüre entwickeln, und *Partner* bestimmen die Zufriedenheit oder das Glück des anderen! Daher trägt jeder einzelne nicht nur die Verantwortung für sich selbst (die er hinwegleugnen dürfte), sondern auch Verantwortung all jenen gegenüber, mit denen er im täglichen Kontakt lebt.
Es ist eines der Kriterien menschlicher Reife, sich mit seinen Pflichten und Verantwortungen freudig auseinanderzusetzen. Gleichermaßen ist es ein Zeichen für menschenunwürdiges Verhalten, seine Verantwortungen wegzuleugnen, nach dem Motto: Was ich nicht bewußt zur Kenntnis nehme, wird schon wieder »weggehen« ...
Sie müssen die Entscheidung selbst treffen: Ob Sie die »Vogel-Strauß-Politik« bezüglich Ihres persönlichen Streß-Geschehens betreiben wollen, oder aber ob Sie, eines wahren Homo sapiens würdig, bereit sind, sich mit gewissen Tatsachen vertraut zu machen, um das Problem weise und »wissend« anzugehen.

Deswegen sei es mir gestattet, SELYES Motto zu seinem ersten Streß-Buch als Widmung für dieses Buch zu verwenden:

DIESES BUCH IST ALL JENEN GEWIDMET, DIE SICH NICHT SCHEUEN, DEN STRESS EINES AUSGEFÜLLTEN LEBENS IN VOLLEN ZÜGEN ZU GENIESSEN, UND DIE NICHT SO NAIV SIND ANZUNEHMEN, DASS DIES OHNE GEISTIGE BEMÜHUNG GESCHEHEN KÖNNE!

Abschließend noch einige Hinweise zur Benutzung des Bandes: Damit Sie rasch die Informationen finden, die Sie suchen, habe ich auf eine übersichtliche Gliederung besonderen Wert gelegt. Darüber hinaus erleichtert der Anhang den Zugang zu den wichtigen Informationen. So finden Sie dort »Merkblätter« zu Zentralbegriffen.

Weitere Begriffe werden im Mini-Lexikon (Anhang E) definiert. Die Zahlen in Klammern (meist hinter Autorennamen) weisen auf wichtige Titel in der ausführlichen, durchnumerierten Bibliographie hin. Schließlich können Sie in den »Querverweis-Notizen« (Anhang G) die wichtigste Literatur (aufgegliedert nach deutsch- und englischsprachigen Büchern und Zeitschriften) für einige Grundbegriffe ermitteln. Selbstverständlich fehlt auch ein ausführliches Register nicht.

März 1977   VERA F. BIRKENBIHL

Vorwort zur 5. Auflage

Wiewohl dieses Büchlein zum erstenmal vor genau 10 Jahren erschien, bestätigen mir noch immer viele Leser-Reaktionen, daß es nach wie vor vielen eine echte Lebenshilfe sein kann.
Aber es gibt einen Gedankengang, den ich in der Zwischenzeit in meinen Seminaren entwickelt habe, der bisher im Buch selbst noch nicht klar zum Ausdruck gekommen war. Aus technischen Gründen haben wird diese neue Information in Form eines Oktober 1981 (im Industriemagazin) erschienenen Artikels in den Anhang übernommen. Das heißt: der *ursprüngliche Anhang E* (Mini-Lexikon) wird durch den *Artikel* ersetzt, während das *Mini-Lexikon* jetzt zum *Anhang F* geworden ist. Natürlich verschieben sich alle folgenden Anhänge ebenfalls um je einen Buchstaben.
Mein Vorschlag: Lesen Sie *Anhang E (die Ärger-Inventur),* nachdem Sie Teil II beendet haben. Sie werden durch einen kleinen *Hinweis* daran erinnert.

April 1985   VERA F. BIRKENBIHL

Teil I: Streß

Kapitel 1
Das Reptiliengehirn: Sein oder Nichtsein

Streß — eine neue Definition

Wer in der Fachliteratur nach einer Streß-Definition sucht, wird reichlich belohnt: Je länger er sucht, desto mehr Definitionen findet er! Dies erklärt sich aus der Tatsache, daß Hunderte von Forschern in nun mehr als 50 Jahren in Tausenden von Versuchen und Testreihen einzelne Puzzlestückchen zum Gesamtbild »Streß« zusammengetragen haben und daß jede der vielen Definitionen *ein Stückchen Wahrheit* beinhaltet. Erst jetzt wird es langsam möglich, das Puzzle zusammenzusetzen, um sich ein Bild zu verschaffen; allerdings bleiben auch heute noch einzelne Flecken übrig, die noch nicht erfaßt werden konnten.

Was sich jedoch ganz klar aus den Forschungen der Medizin, der Biochemie und der Neurophysiologie ergibt, ist folgende Tatsache:

Wenn das Überleben, die eigene Sicherheit oder die Arterhaltung gefährdet werden, reagiert zunächst einmal jeder Organismus gleich: Er begibt sich in einen Zustand des Kampfes oder der Flucht, um der Gefahr zu entrinnen. Stößt er später wieder auf dieselbe Situation, trachtet er, diese zu vermeiden.

Dieser Mechanismus funktioniert bei einer Eidechse genauso wie beim Homo sapiens, weil beide einen besonderen Gehirnteil besitzen, der ihn auslöst; wiewohl wir bei Menschen natürlich noch zusätzlich weitere Gehirnteile finden, die es ihm ermöglichen, über solche Vorgänge (unter Zuhilfenahme eben dieser Gehirnteile!) auch nachzudenken.

Das urzeitliche Tier-Wesen, das unser aller Vorahn war, kannte nur klar umrissene Gefahrenmomente: ein wildes Tier, zu große Kälte, Abwesenheit von Nahrung u. ä. Zu diesem Zeitpunkt wäre eine Streß-Definition noch einfach gewesen:

Nichtbefriedigung vitaler Bedürfnisse = Streß

Je komplizierter und komplexer ein Organismus aber wird, desto komplizierter und komplexer werden auch seine Bedürfnisse. Daher kann ein moderner Mensch »Streß« empfinden, wenn man ein Stück Papier zerreißt, auf dem er eben eine Zeichnung angefertigt hat. Der Urmensch kannte kein Papier, er konnte noch nicht zeichnen (Höhlenmalereien entstanden erst viel später), und er kannte auch noch keinen Stolz auf eigene, kreative Leistungen.

Weiter spielen Lernprozesse bei der Streß-Definition eine sehr wichtige Rolle. Herr Ahorst kann eine Situation als bedrohlich empfinden, in der man ihn zwingt, zu viele Entscheidungen treffen zu müssen, Herr Berg hingegen kann unter »Streß« leiden, weil er zu wenige Entscheidungen treffen darf!

Um die Vielfalt des Streß-Geschehens zu verstehen, müssen wir daher einige Informationen zur Kenntnis nehmen, ohne die eine individuelle, für jeden einzelnen persönlich zutreffende Streß-Analyse unmöglich ist. Nur wenn Sie die dem täglichen Erleben zugrundeliegenden »gemeinsamen Nenner« kennen, können Sie die Schlußfolgerungen ziehen, die Ihnen helfen werden, Ihren persönlichen Streß richtig zu definieren!

Streß und Streß

Es gibt prinzipiell zwei Arten von Streß. SELYE nannte den negativen, schädlichen, lebens-zerstörenden Streß *Distreß*, den positiven, vitalisierenden und lebens-notwendigen Streß hingegen *Eustreß* (abgeleitet von griechisch »eu« = »gut«). Ersteren gilt es weise dosieren zu lernen, letzteren hingegen bewußt zu suchen. Ersterer bringt Leid, letzterer Freude in unser Leben. Ersterer Krankheit, Depressionen, Einsamkeit und funktionelle Neurosen aller Art; letzterer Gesundheit, Zufriedenheit, Glück, ja sogar Ekstasen!

Das Gehirn: Schlüssel des Streß-Geschehens

Wir deuteten bereits an, daß der Mensch mehr Gehirn hat als die Echse. Daher unterscheiden wir das URhirn (auch Althirn genannt), dessen Funktionen sich von dem eines Echsenhirns kaum unterscheiden – und das NEUhirn (auch Großhirnrinde, Rindenhirn oder Kortex genannt), das die Entstehung des Homo sapiens ermöglicht hat. Des weiteren müssen wir noch das limbische System (auch Viszeralhirn genannt) in unsere Diskussion miteinbeziehen, da dieses die alten und neuen Gehirnteile miteinander verbindet. Hier laufen außerdem einige wesentliche, lebensnotwendige Gehirnfunktionen ab, die für das Streß-Geschehen von ungeheurer Wichtigkeit sind. (Wer sich für detailliertere Angaben über das Gehirn interessiert, sei auf Anhang D, S. 142 ff. verwiesen!)

Da wir hier keine exakte Gehirnforschung betreiben, sondern lediglich notwendiges Wissen für die Lösung des Streß-Problems in *einfache Denkmodelle* umsetzen wollen, werden wir das Neuhirn von nun an einfach als das »Denkhirn« bezeichnen (weil *seine wichtigste Funktion* das Denken darstellt), das Urhirn jedoch als das »Reptiliengehirn«, wenn wir Funktionen besprechen, *die denen des Reptils tatsächlich entsprechen.* Unser Ausdruck »Reptiliengehirn« bezieht das limbische System mit ein.

Im täglichen Leben gehen wir oft von einer völlig falschen Grundannahme aus: Der Mensch hat ein Denkhirn, demzufolge denkt er, demzufolge beruht sein gesamtes Verhalten (inkl. aller Entscheidungen, die er trifft) auf den Funktionen eben dieses Denkhirns. Dies ist ein Irrtum, der eine gefährliche Schlußfolgerung nach sich zieht: Da mein Mitmensch auch ein Denkhirn hat und denken kann, nehme ich automatisch an, daß auch sein Verhalten auf Denkprozessen beruht; daher gehe ich von der Annahme aus, daß jeder Aspekt seines Verhaltens von ihm gewünscht und vorher bedacht wurde.

Diese Annahme ist deshalb so gefährlich, weil sie uns eine falsche Einstellung zu uns selbst und zu anderen vermittelt. Wir können viele Situationen nicht halb so realistisch einschätzen, wie wir meinen, weil dieser Denkfehler uns gewissen Fakten gegenüber »blind und taub« macht.

Denn: Das Denkhirn kann nur dann funktionieren, wenn die Basisbedürfnisse der alten Hirnteile befriedigt worden sind. Je weniger dies der Fall ist (z. B. durch Krankheit, Müdigkeit, Gefährdung der inneren Sicherheit etc.), desto mehr Energien werden dem Denkhirn »entzogen«, weil das Reptiliengehirn diese Energien zur Wiederherstellung der biologischen Homöostase* benötigt (s. Kap. 5). Erst ein gesunder und ausgeglichener Mensch kann beginnen, sein Denkhirn wirklich richtig einzusetzen.

Also ist für die Selbst-Inventur ein Verständnis dieser Basis-Bedürfnisse der erste wichtige Schritt.

Basisbedürfnisse des Reptiliengehirns

Daß der Mensch Nahrungs- und Sauerstoffzufuhr benötigt, daß die Nahrung verdaut und wieder ausgeschieden werden muß und daß auch der fleißigste Mensch zwischendurch schlafen muß, um zu überleben, setzen wir als bekannt voraus. Darüber hinaus aber müssen gewisse weitere Grundbedürfnisse befriedigt werden, wenn leibliches und seelisches Wohl nicht akut gefährdet werden sollen. Eine totale Nichtbefriedigung dieser Bedürfnisse (s. u.) führt sogar zum Tode.

1. Hunger nach Stimulierung

Außer Nahrung und Sauerstoff braucht ein Organismus einen ständigen Strom von Reizen (= *Stimulus*, Mehrzahl *Stimuli*), die von den Sinnesorganen zum Gehirn geleitet und dort analysiert werden. Machen Sie einmal folgendes Experiment: Verbinden Sie sich die Augen, stopfen Sie sich Ohropax in die Ohren, ziehen Sie drei oder vier Paar dicke Handschuhe (Fäustlinge!) an und bewegen Sie sich dann einige Minuten lang in Ihrer

---

* Wir verweisen auf das Mini-Lexikon, S. 147.

Wohnung (unter Aufsicht einer Hilfsperson, die Verletzungen verhindert!).

Wiewohl Sie noch immer eine ungeheure Menge an Stimuli erhalten (Wahrnehmung des eigenen Körpergefühls, vermindertes, aber noch vorhandenes Tastempfinden, Körpertemperatur, Wahrnehmung der eigenen Position zum Raum, also ob Sie stehen, sitzen oder liegen), fühlen Sie sich extrem behindert, um nicht zu sagen verunsichert. Denn: Der ständige Reizstrom soll dem Organismus dazu verhelfen, sich in bezug auf seine Umwelt ständig *orientieren* zu können. Wird diese Orientierung unterbrochen, so signalisiert das Reptiliengehirn dies sofort durch die sog. OR (= Orientierungs-Reaktion), die von manchen Autoren auch die Kampf-, Flucht- oder die Streß-Reaktion genannt wird). Nichtbefriedigung des Hungers nach Stimulierung bedeutet also *akuten Distreß*, woran wir sehen, daß dieses Bedürfnis tatsächlich lebenswichtig ist.

2. Hunger nach Lust

Nun hat jeder Stimulus, der im Gehirn eintrifft, eine Doppelfunktion: Zum einen ermöglicht er die Orientierung in Zeit und Raum, zum anderen aber muß er gewisse Lust- oder Unlustareale im limbischen System durchlaufen, wo er elektrische Erregungen auslöst. Diese wiederum lösen in uns »Gefühle« von Lust oder Unlust aus. Wobei hier ausdrücklich betont werden soll, daß die Lustgefühle sexuellen Erlebens nur *einen Aspekt* lustvollen Befindens darstellen. Wir nennen die verschiedensten Gefühle, die durch Stimulierungen der Lustareale produziert werden: angenehmes Wohlbefinden, Zufriedenheit, positive Er- oder Aufregung, Freude, sexuelle Lust, Ekstase u. a. Die diversen Gefühlsregungen, die durch Erregungen der Unlustareale produziert werden, nennen wir hingegen: Angst, Unsicherheit, Hemmungen, Scham, Schuldgefühle, Wut, Zorn, (negative) Aggression, Panik, Schmerz, Trauer, Unwohlsein. Es ist eine traurige Tatsache, daß unsere modernen Sprachen *mehr* Worte für Unlustgefühle besitzen als für lustbetonte Empfindungen! (Lokalisierung der Lustareale, s. Anhang D, S. 145.)

Welchen Sinn und Zweck erfüllen nun diese lebensnotwendigen Lustareale, die übrigens untrennbar mit Herzschlag, Atemfunktion und anderen Überlebens-Mechanismen gekoppelt sind?

Sie erlauben *Lernprozesse*, ohne die das Überleben des einzelnen sowie der Art nicht möglich wäre! Nehmen wir an, sie setzen sich ahnungslos (im Badeanzug) in Brennesseln! Erstens veranlassen die sofortigen Unlustgefühle Sie, sich so schnell wie möglich wieder zu erheben. Diese Reptiliengehirn-Reaktion geht übrigens wesentlich schneller vonstatten, als Sie dies gedanklich bewältigen können. Zweitens merken Sie sich für die Zukunft, daß Brennesseln »brennen«, d. h., daß Sie dieses Erlebnis nie wiederholen möchten!

Genauso veranlassen natürlich Erlebnisse, die Lustgefühle auslösen, Sie, solche wieder zu suchen.

Die Stimulierung der Lustareale ist nicht nur lebensnotwendig, sie hat sogar noch *vor der Nahrungsaufnahme* Vorrang. Dies beweisen Experimente, bei denen man einem Organismus winzige kleine Sonden in die Lustareale setzt, so daß es ihm möglich ist, sich durch Auslösen eines minimalen Mikro-Stromstoßes selbst zu stimulieren. Versuche mit Tieren (und gehirngeschädigten Menschen) haben eindeutig bewiesen, daß ein Organismus über dieser sog. intrakraniellen Selbststimulierung alles um sich herum total vergißt! Er drückt nur noch den Knopf oder die Taste, er frißt nicht, er schläft nicht und kopuliert nicht mehr, bis er vor Erschöpfung umfällt! (CAMPBELL [24])

Diese Tatsache hat den Gehirnforscher CAMPBELL veranlaßt, folgende Schlußfolgerung zu ziehen: *Die Stimulierung der Lustareale hat den höchsten Überlebenswert.* Daher muß der Organismus ständig versuchen, sich solche Stimulierungen zu verschaffen. Dies geschieht zum einen durch die Reizaufnahme aus der Umwelt, einschließlich der Stimulierung jener Sinnesorgane (Geschmacksknospen zum Beispiel), die bei der Nahrungsaufnahme ermöglicht werden. Zum anderen aber auch durch Gedanken und Vorstellungen*, die physiologisch wie ein Sinnesanreiz verar-

---

* Gedanken und Vorstellungen werden erst durch neuere Gehirnteile möglich. Je weiter entwickelt ein Organismus also ist, desto besser werden die Möglichkeiten, das Reptiliengehirn durch das Denkhirn (positiv) zu beeinflussen.

beitet werden müssen. Also tut der Organismus »nur«, was Lust verschafft bzw. Unlust vermeidet oder abzustellen vermag. Hiermit sind nun auch physiologische Beweise für FREUDS Aussage, daß Organismen nur Lust suchen, erbracht worden. (Schließlich war ja FREUD auch Physiologe!)

3. Hunger nach Berührung

Die interessanteste Sinnesreiz-Aufnahme stellt wohl die Berührung dar. CAMPBELL (24) sagt hierzu (S. 138 f.):

> Es deuten einige Anzeichen darauf hin, daß der Berührungssinn als erster der äußeren Sinne schon vor der Geburt des Menschen von Bedeutung ist und *daß er diese Bedeutung im Laufe unseres Lebens als Erwachsene* natürlich beibehält . . .
> Eine Berührung wird . . . registriert . . . Alle taktilen Rezeptoren* besitzen ein sehr rasches Adaptionsvermögen**; das kann man leicht nachprüfen, indem man die Spitze eines Fingers auf eine grobe Oberfläche legt und den Finger (dann) vollkommen ruhig hält. Spätestens nach einer Minute vermag man nicht mehr wahrzunehmen, wie die Oberfläche beschaffen ist, und man merkt nur noch undeutlich, daß man überhaupt etwas berührt. Doch schon eine winzige Bewegung der Fingerspitze reicht, um andere Rezeptoren zu reizen, und schon können wir den Gegenstand wieder für kurze Zeit deutlich wahrnehmen.
> Daß wir uns beim Streicheln und Liebkosen und beim Geschlechtsverkehr fortwährend bewegen, ist auf diesen neurophysiologischen Sachverhalt zurückzuführen . . .

Wiewohl es schon seit Jahrzehnten bekannt ist, daß die menschliche Berührung *reinen Überlebenswert* besitzt (SPITZ [121] u. a.), wird an diesem Sachverhalt in bedenklicher Weise vorbeigelebt und, schlimmer noch, vorbei-erzogen! Es ist, als würde man sagen: Nahrungsaufnahme ist »weich«, »unreif« und eines modernen Menschen (insbesondere Mannes) nicht würdig! Denn:

---

* Taktil = mit Berührung zusammenhängend; Rezeptoren = Sinnesorgane.
** *Adaptionsvermögen* ist das Vermögen, sich an Veränderungen anzupassen. Bei der Reizaufnahme bedeutet dies, daß derselbe Reiz nur kurzfristig wahrgenommen wird. Tritt keine Veränderung des Reizangebotes ein, nehmen wir den Reiz nach einer kleinen Weile nicht mehr bewußt wahr. Daher »vergessen« wir dann das Geräusch einer Klimaanlage, bestehende Hitze oder die Anwesenheit einer Person, die nur »da sitzt« und nichts sagt (= keine neuen Reize zu uns leitet).

Da wir ja fähig sind zu lernen, kann man uns durch sog. Erziehungsprozesse dazu *verbilden,* auch natürliche, gesundmachende und beglückende Lebenssituationen später mit Unlust zu assoziieren (s. Kap. 2).

Distreß

Jetzt können wir die Streß-Definition von neuem angehen. Wir verweisen noch einmal auf die Tatsache, daß schädlicher Distreß und lebensnotwendiger Eustreß zwei völlig verschiedene Arten von Streß bedeuten, so daß wir *zwei Definitionen* benötigen.

Distreß = **Nichtbefriedigung vitaler Bedürfnisse bzw. Stimulierung der Unlustareale im limbischen System.**
Eustreß = **Befriedigung vitaler Bedürfnisse bzw. Stimulierung der Lustareale im limbischen System.**

Es gibt angeborene (allen Menschen gemeine) Bedürfnisse oder Triebe und individuell erlernte (in denen sich jeder einzelne vom Mitmenschen unterscheidet).

Wenden wir uns zunächst den angeborenen Trieben zu. Sie dienen der *Selbst- und Arterhaltung,* die durch Stimulierungen, Nahrungsaufnahme, -verarbeitung, -ausscheidung, Schlaf, Sauerstoffaufnahme und Erregungen der Lustareale gewährleistet wird. Der Organismus trachtet danach, die biologische Homöostase sowie die Orientierung unbedingt zu erhalten. Jegliche Gefährdung hingegen bedeutet bereits *akuten Distreß.* Solange die Sicherheit nicht wiederhergestellt ist, werden wir vom Reptiliengehirn »regiert«, da dieses erst dann wieder Energien an die höheren Gehirn-Anteile abgibt, wenn die Selbsterhaltung abgesichert ist. ROHRACHER (104) sagt dazu: »*Der Stamm regiert, die Rinde schweigt!*«

Ein Nicht-Wahrhaben-Wollen dieser Tatsache macht sie leider nicht ungültig! Nur ein echtes Sich-Auseinandersetzen kann uns helfen, den Distreß zu dosieren, so daß wir dann noch Zeit und Energien übrig haben, um uns auf die Suche nach Eustreß zu konzentrieren!

Die Streß-Reaktion

Zunächst einmal muß festgehalten werden, daß die sog. Streß-Reaktion genaugenommen immer eine *Distreß*-Reaktion darstellt. Was passiert nun, wenn das Reptiliengehirn bei Gefahr auf Kampf oder Flucht »umschaltet«?

Wir wollen wieder ein vereinfachtes Denkmodell benützen: Stellen Sie sich vor, im Reptiliengehirn sitzt ein »Wächter«, der nichts anderes zu tun hat, als bei potentieller Gefahr sofort einen »Panikknopf« zu drücken. Da ja alles Neue, Unbekannte, noch nie Erlebte möglicherweise eine Gefahr für den Organismus darstellen könnte, drückt dieser »Wächter« auch bei Reizen, die er nicht sofort als *bekannt* und *ungefährlich* einstufen kann, besagten »Panikknopf«. Deswegen bezeichnete SOKOLOW (117) den »Wächter« als Neuheits-Entdeckungs-Mechanismus (NEM), dessen Signal immer und automatisch die Streß-Reaktion ablaufen läßt. Da diese Reaktion ja u. a. auch die Orientierung neu absichern soll, nennt man sie auch die Orientierungs-Reaktion (OR). Eine detailliertere Beschreibung findet sich im Anhang D.

Die OR ist eine ungeheuer starke Reaktion, durch die u. a. *Herzschlag, Pulsfrequenz, Blutverteilung im Körper und die Blutzusammensetzung* sofort beeinflußt werden. Möglich wird dies dadurch, daß das Panik-Signal das Stammhirn veranlaßt, sofort gewisse Hormone in den Blutstrom zu leiten. Hormone sind chemische »Boten«, die den Organen, zu denen sie geleitet werden, »sagen«, was diese jetzt zu »tun« haben. Alle Hormone der Kampf- oder Flucht-Reaktion sind Nebennieren-Ausschüttungen (z. B. Adrenalin, das dem Körper blitzschnell Extra-Energien zur Verfügung stellt). Diese Hormone müssen von den Sexual-Hormonen unterschieden werden (s. Kap. 4, S. 49 ff.).

Bewußt nehmen wir wahr, daß wir schneller atmen, daß wir schwitzen, daß wir zittern, daß wir die Fäuste ballen, daß unsere Stimme bebt, daß wir die Augen aufreißen u. v. m. (Für Details s. Anhang D, S. 144.)

Nun gibt es in unserem Organismus zwei Nervensysteme, die man zusammengefaßt als das vegetative Nervensystem bezeichnet. Es ist für folgende Funktionen zuständig: Der Parasympathikus überwacht Ruhe, Verdauung und andere autonome Vorgänge. Der Sympathikus hingegen wird bei Alarm sofort aktiviert und blockiert alle Vorgänge des Parasympathikus, bis die Gefahr vorüber ist.* Das haben Sie selbst schon oft beobachten können: Ein Mensch ist z. B. »voll mit dem Kauen beschäftigt«. Eine Gefahrensituation ergibt sich in der Nähe (vielleicht hat jemand die brennende Flambierpfanne vom Wagen gestoßen). Der Mensch hört *sofort* zu kauen auf! Erst wenn die Gefahrensituation behoben ist, merkt er, daß er den Mund noch voll Speisen hat.

Sinn und Zweck der OR ist es, den Körper sofort kampf- oder fluchtbereit zu machen. Dies geschieht erstens, indem man ihm Extra-Energien zuführt und den Energieverbrauch jener Organe, die für Kampf oder Flucht nicht unmittelbar gebraucht werden, auf ein absolutes Minimum reduziert. Zweitens werden die Sinnesorgane der Augen und Ohren »geschärft«, so daß einem keine gefährlichen Signale entgehen können. Drittens werden Abwehrkräfte des Organismus mobilisiert, damit der Körper eventuelle Verletzungen besser überstehen kann.

Je stärker die Distreß-Reaktion, desto vollständiger werden Vorgänge des Denkhirns blockiert, weil auch sie erstens Kraft (sprich: lebensnotwendige Energien) kosten und zweitens vom Hauptgeschehen des Überlebens ablenken. Außerdem arbeitet das Reptiliengehirn ungemein schneller als das Denkhirn. Das können Sie ermessen, wenn Sie einmal bedenken, daß ein Mensch, der sich an der heißen Herdplatte verbrennt, die Hand schon längst zurückgezogen hat, ehe er »begreifen kann«, was passiert ist.

---

* Die sog. vegetative Dystonie ist eine typische Streß-Krankheit, die darauf beruht, daß die vegetativen Vorgänge zu häufig fehlgeleitet werden.

Zusammenfassung

1. Der Mensch hat nicht ein, sondern mehrere »Gehirne«.
2. Die ältesten Gehirnteile sind für die Selbst- und Arterhaltung zuständig. Sollten diese gefährdet sein, übernehmen sie die Kontrolle, bis die Sicherheit wiederhergestellt ist. Dann »regiert der Stamm, die Rinde schweigt« (ROHR-ACHER), dann können wir nicht mehr klar denken.
3. Die neuen Gehirnteile erst erlaubten die Entwicklung zum Homo sapiens. Je größer eine Gefahrensituation für den Organismus ist, desto weniger »sapiens« ist der Mensch dann.
4. Jede Gefährdung von Basisbedürfnissen gilt als Bedrohung und veranlaßt den »Wächter« (NEM), auf den *Panikknopf* zu drücken, was dann sofort die Kampf- oder Flucht- bzw. Streß-Reaktion (OR) auslöst.
5. Zu den Basisbedürfnissen gehören auch der Hunger nach Stimulierung, die Suche nach Lust (inkl. des Hungers nach Berührung)!
6. DISTRESS = Nichtbefriedigung von vitalen Bedürfnissen bzw. Stimulierung der Unlustareale im limbischen System.
7. EUSTRESS = Befriedigung von vitalen Bedürfnissen bzw. Stimulierung der Lustareale im limbischen System.
8. Stimulierungen der Unlustareale treten bei potentieller Gefahr automatisch auf, können jedoch auch durch Lernvorgänge beeinflußt werden. (Besprechung s. Kap. 2)
9. Dasselbe gilt für die Stimulierung der Lustareale, so daß Freud und Leid nicht nur von Umweltbedingungen abhängen, sondern auch von unseren *anerzogenen* Reaktionen auf diese!
10. Wir nennen die Gehirnteile, die sich in der Funktion von denen einer Echse nicht unterscheiden und die nur das Überleben absichern sollen, »Reptiliengehirn«, die intelligenzgewährleistenden Hirnteile der Rinde hingegen »Denkhirn«.

Kapitel 2
Angst oder Freude

Bevorzugte Bahnen im Gehirn

Wenn der Mensch in einer völlig natürlichen Umwelt aufwächst, lernt er gewisse Stimuli dieser Umwelt mit Lust, andere hingegen mit Unlust zu assoziieren. CAMPBELL (24) zeigt, daß dieser Lernvorgang physiologisch nachweisbar (und damit materieller und nicht rein »geistiger« Natur) ist: Es werden nämlich durch die Wiederholungen gewisser Lebenssituationen *bevorzugte Nervenbahnen* im Gehirn etabliert. Auch VESTER weist in seinem Buch »Denken, Lernen, Vergessen« (das die biochemischen Vorgänge hervorragend schildert) mit Nachdruck auf die biologisch meßbare Tatsache dieser Vorgänge hin! Dies ist für unser Verständnis von außerordentlicher Wichtigkeit, denn: Solange man meinte, Lernen sei »rein geistiges Verhalten«, meinte man auch, es sei wissenschaftlichen Meß- und Beschreibungsmethoden nicht zugänglich. Dieses resultierte aus der Annahme, daß jede Aussage über Lernprozesse letzten Endes ja nur »graue Theorie« darstelle, Theorien aber falsch sein könnten, womit man dann ein Nicht-Akzeptieren gewisser Sachverhalte entschuldigen konnte.

Heute aber, da man auch Lernen messen und exakt abgrenzen kann, muß man sich mit diesen Informationen auseinandersetzen, wenn man einsieht, daß ein *Großteil unseres Distreß-Verhaltens* auf *erlernten Verhaltensmustern* basiert!

Wenn Sie sich in die Brennesseln gesetzt haben, können Sie doch nur lernen, dies später nicht wiederzutun, weil Sie in der Lage sind, zwei Aspekte einer Situation miteinander in Verbindung zu bringen: Weil Sie später beim Anblick der Brennesseln das brennende Gefühl (taktiler Reiz) mit dem visuellen Reiz der Pflanze *verknüpfen* können.

Wenn nun eine Situation *gute* Gefühle ausgelöst hat, wird sie *auch später* mit *guten* Gefühlen assoziiert! Hat sie hingegen negative Gefühle ausgelöst, so wird sie auch später negative Assoziationen auslösen! Diesen lebensnotwendigen Mechanismus nutzen die meisten Eltern bei der Erziehung ihrer Kinder täglich aus, ohne sich wirklich einmal Gedanken darüber zu machen, was sie dem Kinde damit eigentlich antun können!

Sicher hätten Sie Angst, wenn plötzlich eine Schlange vor Ihnen auftauchte und sich an Ihrem Bein hochzöge! Das ist auch gut so, denn jede fremde Schlange könnte unter Umständen Ihr Überleben gefährden.

Empfinden Sie Zorn, wenn jemand versucht, einem armen, hilflosen Greis etwas wegzunehmen? Das ist eine gesunde Reaktion; sie zeigt, daß Sie sich identifizieren und dessen Verlust mitempfinden können. Außerdem veranlaßt es Sie wahrscheinlich, wenn möglich, zu helfen.

Spüren Sie Abscheu, Abneigung oder gar Ekel vor manchen Dingen? Das ist prinzipiell gut, denn es soll Sie dazu veranlassen, Kontakte mit solchen Dingen zu meiden, wenn sie eine Gefahr für Leib und Seele darstellen könnten.

Achtung: ein wichtiges Experiment →

Experiment

Wie steht es mit Ihren Gefühlen auf die unten aufgeführten Worte? Wenn Sie bedenken, daß auch ein Gedanke vom Organismus als Stimulus verarbeitet werden muß, werden Sie verstehen, warum auch Gedanken echte (positive oder negative) Gefühle auszulösen vermögen. Stellen Sie nun einmal ganz bewußt fest, welche *Gefühle* die folgenden Stimuli auslösen, und tragen Sie diese neben dem jeweiligen Wort ein:

Stimulus: Gefühlsmäßige Reaktion:

Spinne   _____

Kaffee   _____

Frosch   _____

Urin   _____

ein Kuß   _____

Homosexualität   _____

Kerzenlicht   _____

Musik   _____

N. B. Bitte nicht weiterlesen, ehe Sie nicht zumindest *ein* Gefühl eingetragen haben!*
Und jetzt fragen Sie sich einmal ernsthaft: *Woher kommen denn diese Gefühlsregungen?*
Woher kommt es, daß der eine Mensch die zärtliche, sexuelle Vereinigung gleichgeschlechtlicher Partner akzeptiert, während der andere mit Wut, Aggression u. ä. auf solche »Schweine« reagiert? Woher kommt es, daß Hans einer Spinne negative

---

* Bitte achten Sie darauf, daß Sie keine intellektuellen Gedanken notieren (z. B. Frosch – glitschig), sondern *Gefühle*, z. B. neutral – Angst – Wut – Abwehr – Scham – »gittigit« etc.

oder positive (Neugierde* ist *positiv*) Gefühle entgegenbringt, während Eva schreiend und entsetzt, mit allen Anzeichen höchster Panik, reagiert?

Daraus sehen Sie, daß viele Ihrer Reaktionen durch Erziehungsprozesse auf gewisse Stimuli (inkl. Gedanken und Vorstellungen) »programmiert« worden sind. Der eine hat gelernt, daß Spinnen interessante und nützliche Tiere sind. Man reagierte in seiner Anwesenheit positiv, wenn er Spinnen studierte. So konnte er eine bevorzugte Nervenbahn (denn Lernprozesse bedeuten nichts weiter als sogenannte bevorzugte Bahnen) etablieren:

Spinne → Neugierde (Lustareal)

Der andere Mensch hingegen erlebte vielleicht das angsterfüllte** Schreien seiner Mutter, d. h., er beobachtete ihre Alarm-Reaktion und assoziierte dann später die Angst der Mutter (die sich auf ihn übertrug) zum Stimulus, so daß seine bevorzugte Nervenbahn so aussieht:

Spinne → Angst (Unlustareal)

So werden Programme geschaffen. So lernen wir, auf gewisse Stimuli (inkl. Gedanken und Vorstellungen!) mit Angst, auf andere mit Wut, auf wieder andere mit Scham zu reagieren.

Prinzipiell ist dieser Prozeß gut, gesund und lebens-erhaltend. Wenn ein Kind immer wieder beobachtet, wie die Mutter mit Angst oder Erschrecken reagiert, wenn es plötzlich auf die Straße läuft, wird es eines Tages lernen, folgende bevorzugte Bahn zu etablieren:

Auf die Straße laufen → Angst (Unlustareal)

---

* Neugierde ist prinzipiell lustauslösend, da sie erstens Stimuli verschafft und zweitens Lernprozesse ermöglicht, die lebensnotwendig sind.
** Daß auch jene Angst einmal gelernt wurde, ist für die heutige tägliche Praxis ohne Bedeutung; aber es zeigt dies sehr deutlich, wie gewisse Programme (auch *sinnlose*) von Generation zu Generation weitergegeben werden können (10).

Wenn diese Nervenbahn einmal fest einprogrammiert worden ist, wird dieser Mensch später nicht mehr spontan auf die Straße laufen (außer in Zeiten allerhöchsten Stresses, z. B. bei einem Erdbeben).

Wir sehen also, daß Erziehungsprozesse gleichzeitig Programmierungsprozesse darstellen und daß wiederholte Paarung zweier Stimuli (z. B. Weihnachten und Freude oder Sexualität und negative Reaktionen der Umwelt) sog. bevorzugte Nervenbahnen etablieren. Solange diese Lernprozesse vor Gefahr schützen, sind sie gutzuheißen, z. B.:

- Lauf nicht auf die Straße, ohne dich umzuschauen!
- Faß die Herdplatte nicht an, sie ist heiß!

Wobei Lernprozesse durch *Verhalten* (man hat sich einmal verbrannt) wesentlich wirksamer sind als solche, die *nur auf verbalen Wiederholungen* derselben Nachricht basieren. Deswegen lernt ein Kind wesentlich schneller, leichter und freudiger, daß zwei Halbe ein Ganzes ergeben, wenn es diesen Prozeß mit einem Apfel selbst durchexerzieren darf, als wenn der »Herr Lehrer«, das »Frl. Lehrerin« oder die Eltern ihm diese Nachricht nur immer wieder vorsagen!

Positive und negative Programme

Alle Programme, die das Leben, die Gesundheit und die Sicherheit des Individuums schützen, sind prinzipiell positiv zu nennen, auch wenn sie »negativ« klingen, z. B. »Tu das nicht!«
Alle Programme, die das Leben, die Gesundheit und die Sicherheit des Individuums gefährden, sind prinzipiell negativ zu nennen, auch wenn sie »positiv« klingen, z. B.: »Sei ein Mann!« oder »Verbirg deine Gefühle!«

Auf Seite 28 finden Sie einige Aussagen, die Sie als *positiv* (richtig) oder *negativ* (falsch) beurteilen sollen. Nehmen Sie obenstehende Definition zuhilfe, aber: Wenn Sie ein Programm als »negativ« einstufen, müssen Sie klar und präzise begründen können, *warum* dieses Programm Leben, Sicherheit oder Gesundheit des einzelnen gefährdet. Z. B.: Herr Meier findet die Aussage »Auch Männer dürfen sich untereinander lieben« *negativ*. Gefragt warum, sagt er: »Das weiß man doch!« Oder: »Die sollten sich was schämen!« Oder: »Das ist doch pervers!«

Woher *weiß* man das? Wem *schadet* es wirklich?

Frau Meier hingegen hat die Aussage »Orale Liebe ist gut« sofort *negativ* bewertet. Warum?

Lieber Leser, vielleicht haben vorangegangene Zeilen Sie schockkiert? Vielleicht sollten sie das sogar. Warum?

Es geht mich persönlich natürlich gar nichts an, welche Einstellung Sie gewissen Dingen gegenüber haben! Aber es gilt klarzustellen, *daß solche Einstellungen gelernte Reaktionen darstellen!* Wagen Sie es, sich mit Ihren Programmen *denkend* auseinanderzusetzen, ohne verärgerte, schockierte, entsetzte Reaktionen dabei? Erst dann werden Sie nämlich *mit Hilfe Ihres Denkhirns* entscheiden können, welche Programme Sie *bewußt* akzeptieren und behalten wollen. Jedes blinde Akzeptieren gewisser Weisheiten, jedes unbesehene Übernehmen von Einstellungen hingegen ist meines Erachtens eines wahren Homo sapiens nicht würdig.

Was mir jedoch am meisten am Herzen liegt, ist die Tatsache, daß Sie sich über den Programm-Charakter vieler Einstellungen *bewußt sind,* wenn Sie

- Ihre Kinder mit diesen Weisheiten »füttern« und wenn Sie
- andere Leute angreifen, weil sie eine andere Einstellung haben als Sie selbst.

Eine lebens-notwendige Übung

Die folgende Übung ist deswegen lebens-notwendig, weil jede Distreß-Reaktion (oft ausgelöst durch »falsche Programme«) Ihrem Organismus Schaden zufügt und sogar »nie verheilende chemische Narben« (SELYE) hinterläßt. Je mehr falschen Programmen Sie auf die Spur kommen können, desto *weniger Distreß*-Situationen wird es später für Sie im täglichen Leben geben.

Vorsicht: Lassen Sie sich bitte nicht vom »gesunden Menschenverstand« lenken, dieser ist nur allzuhäufig von Programmen beeinflußt!

Aufgabe:

Im folgenden finden Sie 10 Aussagen, die Sie als richtig bzw. falsch bezeichnen sollen. Nehmen Sie die Definition auf Seite 26 als Leitfaden, und beachten Sie bitte, daß auf jede Negativ-Einschätzung einer Aussage auch sofort *die rationale, empirisch belegbare Begründung* folgen muß. Sollten Sie keine finden können, haben Sie höchstwahrscheinlich ein typisches Programm aufgespürt, über das Sie bis dato nicht bewußt nachgedacht haben. Programme zeichnen sich meist durch ihre allgemeingültige, absolute Formulierung aus. Weiter benutzen sie fast immer Formen wie »man soll«, »man muß«, »man darf nicht« u. ä. Suchen Sie also jene Behauptungen, denen Sie spontan zustimmen, und untersuchen Sie diese anschließend auf obengenannte Charakteristika. Fragen Sie sich dann: »Woher habe ich diese Meinung?« und überlegen Sie sich, ob Sie diese Urteile nicht von Eltern oder Erziehungspersonen übernommen haben und ob Sie diese Urteile auch beibehalten wollen.

Aussagen: Richtig oder falsch?	R	F
1. Nur Männer können logisch denken.		
2. Männer sollen keine Gefühle zeigen.		
3. Frauen können nicht logisch denken.		
4. Dafür dürfen sie ihre Gefühle mehr ausleben.		
5. Zärtlichkeit ist nur für Säuglinge und Kleinkinder wichtig.		
6. Ein erwachsener Mensch braucht keine Zärtlichkeit mehr, wenn doch, dann ist er unreif.		
7. Onanie ist gefährlich.		
8. Geschlechtsverkehr ist nur zum Kindermachen da.		
9. Männer (oder Frauen) untereinander dürfen sich nicht lieben.		
10. Orale Liebe ist des Teufels.*		

---

* Alle Aussagen sind natürlich falsch. Wie viele haben Sie als richtig angekreuzt?

Natürlich könnten wir diese Liste endlos fortsetzen. Wenn Sie ehrlich daran interessiert sind, Ihre eigenen Programme zu finden, *hören* Sie einmal bewußt zu, *sehen* Sie bewußt fern, und *lesen* Sie bewußt (z. B. Romane) auf Programmsuche hin. Sie werden erstaunt sein, wie viele Programme Ihnen plötzlich auffallen. Schreiben Sie diese in ein Heft und teilen Sie sie in positiv oder negativ ein. (Empfehlungen: Lit.-Verz. Nr. 8, 9, 10, 14, 102)

Für den Augenblick genügt es festzuhalten, daß viele Einstellungen zu vielen Dingen des täglichen Lebens von solchen Programmen herrühren und daß Programme bevorzugte Bahnen zu den Lust- bzw. Unlustarealen im limbischen System darstellen.

Wenn man bedenkt, daß viele Ängste auf solche Weise entstanden sind, und wenn man weiter bedenkt, daß jede Situation, die in uns Angst, Scham, Hemmungen, Unsicherheit etc. auslöst, automatisch mit einer Streß-Reaktion des Reptiliengehirns beantwortet wird, dann wird klar, wie viele unnötige Distreß-Situationen ein Mensch zwangsläufig erleben muß!

Jede Distreß-Reaktion aber kostet Kraft. Wertvolle Energien, die dem Organismus nun nicht mehr zur Verfügung stehen, um damit klares, präzises Denken oder Eustreß-Momente zu »finanzieren« (s. Kap. 5, 7 und 8).

Jedes Gefühl kostet Kraft. Allerdings läßt uns das Er- und Ausleben von negativen Gefühlen müde und deprimiert (Unlustareal-Stimulierungen), während das Er- und Ausleben positiver Gefühle Eustreß bedeutet, der uns das Gefühl der Lebensfrische, Stärke, Gesundheit, Vitalität und Freude gibt!

Der Streßforscher SELYE wies auf diese Zusammenhänge hin, als er sagte, daß die meisten Menschen nicht aufgrund einer falschen Lebensart als vielmehr durch ihre Lebens-*Einstellungen* zu viel Distreß erleben. Wäre es nicht notwendig, einige dieser Einstellungen denkerisch zu überprüfen?

Zusammenfassung

1. Durch Lernprozesse werden sog. bevorzugte Nervenbahnen im limbischen System etabliert. Diese führen zu den sog. Lust- und Unlustarealen.
2. Solche Lernprozesse haben »Programme« zur Folge. Ein Programm entsteht entweder durch Beobachten wiederholter Umweltreaktionen auf dieselben Stimuli oder aber durch ständige Wiederholungen gewisser Aussagen.
3. Programme können positiver (lebens-erhaltender) und negativer (lebens-bedrohender) Natur sein.
4. Die meisten Gefühle von Angst, Unsicherheit, Hemmungen, Scham, Schuld, Wut, Zorn, Ablehnung etc. wurden durch solche Lernprozesse einprogrammiert.*
5. Jedes Programm löst, wenn es in Frage gestellt wird, dieselben Reptiliengehirn-Reaktionen (OR) aus, die Angriffe aller Art immer auslösen.

---

* Es sollte vielleicht noch ganz klar hervorgehoben werden, daß die Eltern, Lehrer und Erzieher, die einer Generation solch negative Programmierung mit auf den Lebensweg geben, selbst nur aus dem Rahmen ihrer eigenen Programmierung heraus agieren können. Somit bewahrheitet sich der Satz des Alten Testamentes, der da besagt, daß die »Sünden der Väter« uns »bis ins siebente Glied« verfolgen werden.
Nur: Irgendwann einmal müssen diese Lebenshemmungen abgebrochen werden. Vielleicht in Ihrer Generation? Die Amerikaner sagen es so schön: Die beste Zeit zu beginnen ist JETZT!

Kapitel 3
Das Denkhirn: Mensch sein

Gedanken sind Reize

Bis jetzt haben wir uns überwiegend mit den Bedürfnissen des Reptiliengehirns auseinandergesetzt. Hat auch das Denkhirn Bedürfnisse? Warum denken manche Menschen ausgesprochen gern, während andere es als Belastung empfinden?

Das Denkhirn selbst hat *keine eigenen Bedürfnisse,* aber: Prozesse des Denkhirns können mithelfen, die Basisbedürfnisse des Reptiliengehirns zu befriedigen.

Wir sagten bereits, daß jeder *Gedanke* und jede *Vorstellung* biologisch genau wie eine Sinneswahrnehmung verarbeitet werden. Schon die *Vorstellung,* daß man demnächst von dem wunderbaren Braten, dessen Düfte so verführerisch durch die Wohnung ziehen, essen wird, aktiviert gewisse Mechanismen des Reptiliengehirns, die z. B. vermehrte Speichelabsonderung und erhöhte Produktion der Bauchspeicheldrüse veranlassen. Stellen Sie sich den Braten vor, wie er auf dem festlich gedeckten Tisch steht, umgeben von Ihren Lieblingsbeilagen ... Läuft Ihnen nicht schon »das Wasser im Mund« zusammen, obwohl Sie doch nur einige Worte auf einem Stück Papier gelesen und sich das dort suggerierte Bild *vorgestellt* haben ...

Also können Vorstellungen und Gedanken physiologische Reaktionen auslösen, weil sie vom Gehirn genauso registriert werden wie jeder Stimulus, der über Augen, Ohren, Tastorgane, Geschmacksknospen oder Geruch gelaufen ist.

Zu den physiologischen Reaktionen, die ein *Gedanke* auszulösen vermag, gehört aber auch die *Stimulierung der Lust- bzw. Unlustareale* im limbischen System, wobei ein neuer Zusammenhang deutlich wird:

Wenn der Organismus versucht, sich Lustgefühle zu verschaffen, und wenn Lustgefühle auch über Gedanken und Vorstellungen des Denkhirns ausgelöst werden können, dann sehen wir, wie das Denkhirn mithelfen kann, die Basisbedürfnisse des Reptiliengehirns zu befriedigen: Angenehme Gedanken lösen Lustgefühle, unangenehme lösen Unlustgefühle aus.* Ob nun aber ein Gedanke angenehm oder unangenehm ist, hängt also davon ab, ob die *elektrischen Erregungen,* die dieser Gedanke produziert, durch das Lust- oder Unlustareal laufen. Dies aber hängt wiederum von den *Erfahrungen* ab, die ein Organismus gemacht hat. Womit wir wieder einmal bei den Programmen angelangt wären.

Wenn die ersten Denkversuche des Kindes mit erfreutem, Anerkennung spendendem Verhalten seiner Umwelt beantwortet wurden, werden Denkprozesse (analytischer Art) auch später Freude bereiten. Dann kann dieser Mensch sich über einen er- oder aufregenden Gedanken (beachten Sie die Wortbildung!) wirklich freuen.

Wenn die ersten Denkversuche des Kindes mit abwehrenden Gesten, negativen Kommentaren u. ä. der Umwelt beantwortet wurden, lernt dieser Mensch, Denken mit negativen Empfindungen zu assoziieren.

Wenn erste Schreib- oder Leseübungen des Schulkindes (die nur durch das Denkhirn möglich werden) von positiven Erlebnissen begleitet werden, lernt das Kind nicht nur zu schreiben bzw. lesen, sondern auch, dies *gerne* zu tun. Was man gerne tut, tut man häufig und damit eines Tages auch gut.

Wenn die ersten Rechenübungen mit ständiger Kritik, mit negativen Umweltreaktionen oder Kommentaren wie »Du wirst das nie lernen« begleitet werden, dann werden eben bevorzugte Bahnen zu den Unlustarealen geschaffen. Fazit: Das Kind rechnet ungern, daher nicht oft und meist später nicht gut. Dann hat sich das »Programm« bewahrheitet, was leider manchen Erziehungspersonen auch im nachhinein noch das Gefühl gibt, »recht gehabt« zu haben! (Sog. selbst-erfüllende Vorhersage!)

---

* Es gibt Stimuli, die in uns gemischte Gefühle auslösen können (z. B. das Gekitzeltwerden), weil hier gleichzeitig Erregungen in Lust- und Unlustarealen eintreffen. Genauso können Gedanken und Vorstellungen in uns »gemischte Gefühle« hervorrufen.

Es gibt noch eine weitere Funktion des Denkhirns, die sehr angenehme Lustgefühle verschaffen kann: das Tagträumen. Wieder sehen wir, daß die Vorstellung an Angenehmes allein sehr angenehme Gefühle verschaffen kann. Deshalb sollte man sich ruhig hin und wieder (vielleicht vor dem Einschlafen) mit positiven Tagträumen beschäftigen; auch dies ist eine echte Eustreß-Tätigkeit, die Freude bringt.

Eustreß-Tätigkeiten

Was für andere Eustreß-Tätigkeiten kennen Sie? Welche Tätigkeiten tun Sie gerne? Welche würden Sie gerne öfter ausführen, wenn Ihnen auch oft die Zeit dafür fehlt? Lesen Sie gerne? Zeichnen Sie? Musizieren Sie? Gehen Sie gerne spazieren? Bitte tragen Sie mindestens fünf Eustreß-Tätigkeiten Ihrer persönlichen Erfahrung hier ein:

1. _____   2. _____

3. _____   4. _____

5. _____   6. _____

7. _____   8. _____

(Sollten Sie nicht mindestens fünf gefunden haben, so wäre dies ein ernst zu nehmendes Distreß-Symptom, s. auch Streß-Tests, Kap. 6.)
Wenn wir also die Bedürfnisse des Gesamt-Organismus Mensch verstehen wollen, wird die Sache langsam kompliziert. Dem einen ist es ein echtes Bedürfnis, Pop-Musik zu hören, dem anderen ein Greuel. Für den einen bedeutet Beethoven Eustreß, für den anderen akuten Distreß. Hans leidet darunter, daß er zu viele komplizierte Arbeiten ausführen soll; Peter klagt, daß er sich (am gleichen Arbeitsplatz) langweilt. Maria ist glücklich, wenn sie vor einem Publikum musizieren darf; Rainer ist entsetzt, wenn auch nur sein Vater seine Fortschritte im Kla-

vierspiel anhören möchte. Frau Rückert empfindet akuten Distreß, wenn ihr Mann allein verreisen muß; Frau Braun wäre froh, wenn sie einmal einige Tage für sich allein hätte ...

Also können wir nicht einfach sagen: Jeder Mensch hat exakt die und die Bedürfnisse, deren Befriedigung Eustreß, deren Nichtbefriedigung Distreß bedeutet.
Oder können wir das?
Doch. Mit Einschränkung. Wenn wir uns auf die Arbeiten des Motivforschers und Humanpsychologen A. H. MASLOW (78) stützen. Denn er hat eine Hierarchie der menschlichen Bedürfnisse erarbeitet, die so grundsätzlich gehalten ist, daß die individuellen Bedürfnisse einzelner Individuen in einer der fünf »Stufen« lokalisiert werden können.

Bedürfnis-Hierarchie nach Maslow

Die Bedürfnis-Hierarchie wird meist in Form einer Pyramide oder eines Turmes (15) dargestellt.* Die unterste Stufe beinhaltet die Basisbedürfnisse des Reptiliengehirns, die wir in Kap. 1 besprochen haben. Die Stufen II und III beinhalten die Bedürfnisse nach Sicherheit und Geborgenheit (II) und nach Anerkennung in und von Gruppen (III), d. h. die sogenannten sozialen Bedürfnisse. MASLOW nannte Stufen II und III zusammengefaßt *Liebe*, da wir diese Bedürfnisse nur durch die Liebe unserer Mitmenschen befriedigen können. Angefangen mit der Liebe der Mutter, die dem Kind durch Streicheln, im-Arm-halten und Zärtlichkeiten Sicherheit und Geborgenheit vermittelt. Später werden es Streichel-Einheiten (SE) im übertragenen Sinne sein: ein lieber Blick, ein »Mutti hat dich lieb«, ein Lob, ein Kompliment etc.
Die Liebe der anderen Familienmitglieder zeigt dem jungen Menschen, daß man ihn in der ersten Gruppe seines Lebens, der Familie, akzeptiert. Signale des Akzeptierens sind wieder die

---

* s. Abbildung S. 37.

34

Streichel-Einheiten, die uns helfen, uns in bezug auf unsere Mitmenschen zu *orientieren*. Uns orientieren zu können aber ist ein Basis-Bedürfnis. Demzufolge reagiert das Reptiliengehirn mit der OR (= Streß-Reaktion), wenn nicht genügend positive SE »hereinkommen« bzw. wenn zu viele negative SE verhindern, daß wir ein Gefühl der inneren Sicherheit erlangen können. Also sichern die Bedürfnisse der II. und III. Stufe das psychologische Überleben genau so ab, wie die Bedürfnisse der I. Stufe für das rein physiologische Überleben sorgen. Da jedoch Defizitmeldungen aus den Stufen II und III wiederum die rein physiologische Streß-Reaktion auslösen, sehen wir, daß auch das psychologische Überleben zur Erhaltung von Leben und Gesundheit notwendig ist.

Stufe IV beschreibt die sog. Ich-Bedürfnisse des Menschen: unser Bedürfnis nach Anerkennung, Status, Macht oder Geltung. Ohne ein Stufe-IV-Bewußtsein wären wir nicht bereit, gewisse Leistungen zu erbringen, die uns die Anerkennung (SE) der Umwelt verschaffen können. Denn: Der Organismus »tut« nichts ohne Grund.

Wer angibt, hat's nötig

Nun stellte MASLOW fest, daß ein zu großes Defizit an innerer Sicherheit einen Menschen veranlassen wird, diesen Mangel durch übertriebene Ansprüche in der IV. Stufe auszugleichen. Dies ist einleuchtend: Buchhalter Seidel fühlt sich seinen Kollegen gegenüber unsicher. Er versucht den Mangel an Selbstsicherheit durch gewisse äußere Symbole (Maßkleidung, Sportwagen etc.) auszugleichen. Die Müllers kaufen sich noch einen Drittwagen, weil die Nachbarn erst zwei Autos besitzen und man doch immer einen Schritt voraus sein will (vgl. BERNE [8]). Frau Munn hingegen erzählt ihren Nachbarn gerne, wie dankbar ihre Tochter ihre Ratschläge immer zur Kenntnis nimmt. Durch ein bewußtes Bemühen, *mehr* Status oder Anerkennung *in den Augen anderer* zu erhalten, täuscht man eine Sicherheit vor, die man (noch) nicht empfindet. Dies ist prinzipiell ein guter Mechanismus, besonders, wenn er uns veranlaßt, unsere Ich-Bedürfnisse durch *Leistung* zu befriedigen. Denn so kann man sich tatsächlich beweisen, daß man »gut« ist, d. h., man kann sich eine echte innere Sicherheit »er-leisten«. *Voraussetzung ist allerdings, daß andere diese Leistung auch anerkennen.* Wir brauchen die SE nicht nur, weil wir uns dadurch »gut fühlen« (Lustareal-Stimulierung), sondern auch als Kontrollfunktion, wie weit wir auf dem Wege zur eigenen Sicherheit »gekommen sind«.

Manche Menschen haben in diesem Punkt jedoch ein extrem großes Defizit. Sie sind so sehr verunsichert, daß sie ständig mit Reptiliengehirnreaktionen reagieren: Sie sind innerlich *chronisch im Kriegszustand.* Das kostet sowohl sie selbst als auch ihre Mitmenschen oft »den letzten Nerv«. (S. Anhang C: Der Defizit-Mensch, S. 139 ff.)

Zu MASLOWS Turm ist noch festzuhalten, daß es sich um eine echte Hierarchie handelt: Die Bedürfnisse der oberen Stufen können erst befriedigt werden, wenn »unten« eine relativ sichere Basis vorhanden ist. Ein Mensch, der knapp vor dem Verhungern steht (Stufe I), hat wenig Interesse an einem Status-Symbol (außer, höchstens, um es gegen Nahrung einzutauschen). Ein Mensch, der um seine Sicherheit am Arbeitsplatz bangt (Stufe II), hat wenig Energie für die Status-Spiele seiner Kollegen übrig! Wieder sehen wir, daß die Basisbedürfnisse der alten Hirnteile Vorrang vor den Bedürfnissen haben, die mit Hilfe des Denkhirns befriedigt werden können (vgl. auch Lit.-Verz. Nr. 15).

Erst wenn die Stufen I bis IV einigermaßen abgesichert sind, kann sich der Mensch der V. Stufe zuwenden. MASLOW nennt sie »Selbstverwirklichung«. Hierbei handelt es sich um sog. »höhere Bedürfnisse«, die ausschließlich von den Prozessen des Neuhirns abhängen. Es gibt viele Menschen, die kaum oder gar nicht in diese Stufe »hineinragen«. Je aktiver ein Mensch die Bedürfnisbefriedigung dieser V. Stufe betreibt, desto näher ist er den Idealvorstellungen des Homo sapiens. Allerdings muß auch so ein Mensch die biologische und psychologische Homöostase* weiterhin aufrechterhalten, sonst erlischt sein Interesse an Bedürfnissen der V. Stufe so lange, bis die innere Sicherheit wieder hergestellt ist und das Überleben wieder als abgesichert betrachtet werden kann.

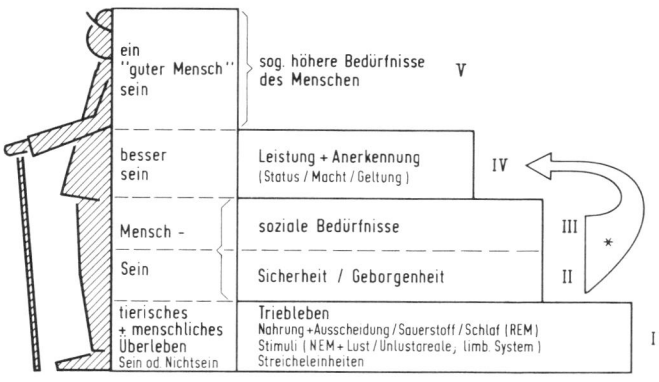

ein "guter Mensch" sein — sog. höhere Bedürfnisse des Menschen — V

besser sein — Leistung + Anerkennung (Status / Macht / Geltung) — IV

Mensch- — soziale Bedürfnisse — III *

Sein — Sicherheit / Geborgenheit — II

tierisches + menschliches Überleben — Triebleben — I
Sein od. Nichtsein — Nahrung +Ausscheidung /Sauerstoff /Schlaf (REM)
Stimuli (NEM + Lust / Unlustareale, limb. System)
Streicheleinheiten

* Je mehr Unsicherheit bezüglich "Mensch-Sein" (Stufen II und III) aufgrund von SE-Defizit vorherrscht, desto wichtiger wird das "besser sein" als Kompensation : Desto größer dann der Anspruch auf Status / Macht / Geltung + Anerkennung !

Ein Menschentyp, der sich so ausschließlich wie möglich der V. Stufe widmet, ist der klassische Brahmane (Yogi), der mit einem absoluten Minimum an Speisen und Trank auskommt (ohne Berührungen körperlicher Art) und sich fast alle lebensnotwendigen Stimulierungen der Lustareale über geistige Prozesse verschafft. Aber er lebt weltfern.

Ein Menschentyp, der sich ausschließlich auf die Befriedigung der ersten drei Stufen konzentriert, ist der (auch heute noch vorkommende) »Steinzeitmensch« in einer extrem einfachen Gesellschaftsform, die noch nicht einmal einen »Häuptling« kennt.

Die meisten Menschen unserer Zeit und Breitengrade wenden sich sehr konzentriert den Bedürfnissen der IV. Stufe zu – als Kompensation für die mangelnde innere Sicherheit, für Zärt-

---

* s. Mini-Lexikon S. 147.

lichkeit und ein erfülltes Sexualleben. Weil das Defizit an SE die psychologische Sicherheit verhindert. Weil Programme sowohl die (meiste) Zärtlichkeit als auch (oft) eine erfüllende, freudebringende und Eustreß schaffende Sexualität verbieten. Da meines Erachtens hier die Hauptwurzeln des »Phänomen Streß« liegen, widmen wir diesen Zusammenhängen das nächste Kapitel!

Zusammenfassung

1. Das Denkhirn kennt keine eigenen Bedürfnisse; wohl aber kann es die Bedürfnis-Befriedigung der Basis-Bedürfnisse (des Reptiliengehirns) ermöglichen.
2. Dies geschieht z. B. durch Vorstellungen (der Gedanke an leckere Speisen läßt das »Wasser im Mund zusammenlaufen«) oder durch Denkprozesse mit stimulierendem (!) Charakter. Dies können Tagträume, Wunschvorstellungen oder rein intellektuelle Prozesse sein.
3. Alle menschlichen Bedürfnisse können in MASLOWS Hierarchie eingegliedert werden: Stufe I: Basis-Überlebens-Bedürfnisse; Stufen II und III: soziale Bedürfnisse (Sicherheit, Geborgenheit und Gruppenbedürfnisse); Stufe IV: Ich-Bedürfnisse (Anerkennung, Status, Macht, Geltung) und Stufe V: Selbstverwirklichung.
4. Stufen II und III werden von MASLOW zusammengefaßt mit »Liebe« bezeichnet, da sie nur über SE (Streichel-Einheiten) uns liebender Mitmenschen abgesichert werden können.
5. Stufe IV wird häufig kompensatorisch für mangelnde innere Sicherheit (SE-Defizit) ausgelebt. Bei zu großem Defizit jedoch stellt sich (krankhaftes) Defizit-Verhalten ein (s. Anhang C: Der Defizit-Mensch).

Kapitel 4
Liebe, Zärtlichkeit und Sexualität

Liebe

Der Traum aller »Ologen«* sieht eine Gesellschaftsform vor, deren Mitglieder sich durch »angewandte Nächstenliebe« auszeichnen – eine Gesellschaftsform ohne unnötige, schmerzerzeugende Aggression, in der die Alten sozial integriert sind und die Jungen auf ein langes, gesundes, freudebringendes Leben vorbereitet werden. Dieser Eustreß-Zustand sollte eines fernen Tages nach diesen Träumen die Norm darstellen.

Wie aber sieht unsere Wirklichkeit heute aus? LUKE RHINE-HART** beantwortet diese Frage kurz und bündig (S. 228):

> **Die gesellschaftlichen Konsequenzen einer Nation aus Normalen sind offenbar: Elend, Konflikte, Brutalität, Krieg und allgemeine Freudlosigkeit!**

Heute wird häufig und gerne behauptet, die Wurzel allen Übels sei die mangelnde Nächstenliebe. Aber stimmt das wirklich?

Egoismus und Altruismus: Zwei Formen der Liebe

Interessanterweise zeigen einige Autoren (BERNE, FROMM, RICHTER, SELYE u. a.), daß nicht die mangelnde Nächstenliebe die Ursache für unsere Distreß-Gesellschaftsform ist, sondern vielmehr der *mangelnde Egoismus;* der Mangel an sich selbst akzeptierender, gesunder Selbstliebe! Denken Sie dabei bitte an Programme der falschen Bescheidenheit, z. B. das Programm: »Eigenlob stinkt«. Warum eigentlich? Warum soll man sich nicht selbst einmal auf die Schulter klopfen dürfen, besonders, wenn man vielleicht von der Umwelt zu wenig Anerkennung für geleistete Arbeiten erhält.

---

* Psycho-, Sozio- und Theologen
** »Der Würfler«, Frankfurt 1976

Hören Sie nicht manchmal auch eine kleine Stimme, die scharf und nachdrücklich darauf verweist, daß man so etwas doch *nicht sagt!!?*

Wie steht es mit Ihren Gedanken? Sind sie wirklich frei? Beantworten Sie bitte folgende Fragen (ehrlich!):

- Bin ich o. k.?
- Kann ich mich selbst (neben meinen Schwächen) wirklich akzeptieren?
- Sollte (oder will) ich nicht eigentlich *anders* sein (z. B. besser, gescheiter, anerkannter, weniger schüchtern, draufgängerischer, gebildeter)?
- Kann ich am Ende eines normalen Arbeitstages (im Schnitt mit meiner Leistung zufrieden sein?
- Kann ich anderen Menschen gegenüber zärtliche Gefühle empfinden (oder gar ausdrücken)?

Wissen Sie, daß die Beantwortung einer jeder dieser Fragen (fast) ausschließlich von den *Programmen Ihrer Kindheit* abhängt?

Kennen Sie nicht auch sog. »typische Versager«, »Mauerblümchen«, »Schwächlinge« – Menschentypen, denen man *so oft* gesagt und gezeigt hat, daß sie »nichts wert« sind, daß sie nicht hübsch (forsch, intelligent, gebildet, tüchtig) genug sind, daß sie besser nichts sagen sollten? Dann kennen Sie Menschen, deren natürlicher Egoismus soweit zerstört wurde, daß sie auch *zu einem echten Altruismus nur noch bedingt fähig sind!*

Einen nicht geringen Beitrag zu diesen Einstellungen über uns selbst lieferte die Kirche*, deren Einfluß auf die Programmierung unserer Kultur ja beachtlich ist. Durch die zahllosen Ge- und Verbote wird nämlich bewirkt, daß jeder Gläubige zwangsläufig immer wieder »sündig« wird, was dann bewirkt, daß er sich selbst als nicht besonders wertvoll einstuft, so daß wir den Einfluß auf sein Selbst*wert*gefühl klar ablesen können.

---

* Hiermit wollen wir natürlich die bedeutenden kulturellen Leistungen der Kirche nicht schmälern, sondern nur auf diesen einen Aspekt hinweisen.

Jemand, der mit zu vielen Gesetzen der Kirche in Konflikt geraten ist, wird also zum »*Versager*«, weil er sehr viele »Nachrichten« erhält, die ihn darauf hinweisen, daß er nicht »in Ordnung« ist. Genauso ergeht es einem Kind, das von seinen Eltern zu viele solcher Nachrichten bezüglich der elterlichen Moralvorstellungen erhält. Wir sehen also, daß die Kirche psychologisch eine elternähnliche Funktion erfüllt, indem sie Regeln für Verhalten erteilt und Nichtbeachtung straft.

Aus diesen Gründen entwickelten einige Denker Konzepte eines »altruistischen Egoismus« (oder auch eines »egoistischen Altruismus«). Einer dieser Denker ist der Physiologe SELYE, der sein Konzept allein auf *biologische* Tatsachen stützt. Er soll hier zu Wort kommen. In seinem Buch »Streß« (113) sagt er (S. 97 f.):

> Egoismus . . . ist das urälteste Charakteristikum des Lebens. Alle Lebewesen, vom einfachsten Mikroorganismus bis hinauf zum Menschen, müssen in erster Linie die eigenen Interessen schützen. Wir können kaum erwarten, daß sich jemand gewissenhafter um uns kümmert als um sich selbst. Selbstsucht ist ganz natürlich; da sie aber als *häßlich gilt*, versuchen wir, ihr Vorhandensein hinwegzuleugnen.
>
> Hinzu kommt, daß sonderbarerweise viele von uns trotz unserer angeborenen Selbstsucht von altruistischen Gefühlen geleitet werden . . . Altruismus kann als eine abgewandelte Form . . . eine Art kollektiver Selbstsucht, die der Gemeinschaft dient, indem sie Dankbarkeit erzeugt (betrachtet werden).
>
> Das ist vielleicht der menschlichste Weg, unsere Sicherheit . . . innerhalb der Gemeinschaft zu festigen.

Daher können wir sagen: Befriedigung der eigenen physiologischen Bedürfnisse führt zur *physiologischen Homöostase* (Gleichgewicht; angefangen bei der Stimuli-Aufnahme, über Lustgewinn durch Berührungen, und Zärtlichkeit bis hin zur Sexualität). Befriedigung der eigenen psychologischen Bedürfnisse führt zur *psychologischen Homöostase,* die wiederum die physiologische Homöostase ermöglicht bzw. unterstützt (von den SE, die unser Selbstwertgefühl stärken, bis hin zur V. Stufe bei MASLOW). Befriedigung der Bedürfnisse anderer führt zur *sozialen Homöostase* und bringt uns zusätzlich mehr positive Anerkennung und positive Gefühle der Umwelt ein, was uns wiederum zugute kommt. (Nach dem Motto: Wie man in den Wald hineinruft, so schallt es zurück!)

Deswegen sind die Programme, die den Egoismus als solchen schlechthin verbieten, negativ zu nennen, da sie das eigene Wohlergehen gefährden!* Allerdings sollte man zwischen einem gesunden Egoismus, der dem einzelnen und der Gesellschaft nützt, und dem Nur-Nehmen-und-nichts-Geben-Wollen mancher Menschen, die innerlich so »arm« sind, daß sie nichts abgeben können, unterscheiden!

Zärtlichkeit

Zärtlichkeit wird von »zart« abgeleitet. Zartes Eingehen auf einen anderen aber schließt aggressive Kampf- bzw. sich zurückziehende Flucht-Reaktionen eines unter Distreß leidenden Organismus aus. Je mehr Kampf- oder Flucht-Reaktionen ein Mensch erleiden muß, desto weniger fähig ist er zwangsläufig, Zärtlichkeit zu empfinden bzw. sie auszuleben.

Da aber Zärtlichkeit ein wichtiges Bedürfnis darstellt (MASLOW II) und da nur durch Zärtlichkeit die lebens-wichtigen Berührungen (MASLOW I) ermöglicht werden, wird ein Defizit an Zärtlichkeit automatisch das Überleben gefährden und demzufolge Reaktionen des Reptiliengehirns (s. Kap. 1) zur Folge haben. Diese Reaktionen wiederum verhindern Zärtlichkeit, und so schließt sich der Teufelskreis.

Nun wird zärtliches Verhalten aber nicht nur durch Reptiliengehirn-Reaktionen auf echte Gefahren hin, sondern auch durch Reaktionen, die eigene Programme schützen sollen, verhindert! Da ja jedes Programm eine bevorzugte Nervenbahn (s. Kap. 2) darstellt, der Organismus aber auch immer bestrebt ist, einen einmal (durch Lernprozesse) gewonnenen Zustand zu erhalten, werden Programme von *dem* Mechanismus geschützt, der auf Bedrohungen jeder Art reagiert. Und das ist nun einmal ein uralter

---

* Sogar in der Bibel heißt es: Liebe deinen Nächsten *wie dich selbst*; nur daß unsere »Programmierer« diesen Zusatz gerne unterbewerten.

Mechanismus des Reptiliengehirns. Hier beginnen wir zu sehen, daß solche Reaktionen mit Intelligenz im üblichen Sinne überhaupt nichts zu tun haben. Ein Programm wird »geschützt«, ob es nun positiv oder negativ ist. Diesen Prozeß kann man zwar auflösen, aber nur, indem man sich bewußt neuen Lernprozessen unterzieht, die dann neue bevorzugte Nervenbahnen programmieren (s. Kap. 8).

Gerade in bezug auf Zärtlichkeit bestehen eine Unmenge ungesunder und Distreß verursachender Programme in unserer westlichen Gesellschaft. Nur durch negative Programmierungs-Effekte vieler Jahre und Generationen konnte das Bild entstehen, ein moderner Mensch müsse vor allem kalt, klar, sachlich und nüchtern sein. Diese gefährliche Entwicklung zeigt sich nicht nur in den alten Vorstellungen, daß »Männlichkeit« mit »Unabhängigkeit, Stärke, Selbstsicherheit« (RICHTER [102], S. 59) einhergehen müsse, sondern auch im Verhalten sogenannter »emanzipierter Frauen«, wiewohl diese ja nicht »Männlichkeit«, sondern persönlichen und beruflichen Erfolg anstreben.

Ein Beduine, mit dem ich am Lagerfeuer zwischen Kamelen und Zelt in der Wüste saß, machte mich auf den Unterschied zwischen arabischem und westlichem Denken aufmerksam. Er sagte nämlich:

> Bei euch gilt ein Mann* als »stark«, wenn er Gefühle der Zärtlichkeit oder des Schmerzes nach außen hin verbergen kann. Bei uns gilt ein Mann als »stark«, wenn er es wagen darf, solche Gefühle nicht nur voll zu erleben, sondern sie auch offen zum Ausdruck zu bringen, ohne Angst zu haben, man sähe darin eine Schwäche.

Dazu fiel mir eine Begebenheit ein, die dies deutlich demonstriert: Nach einem Fußballspiel um den Europapokal, den die »Bayern« gewonnen hatten, fielen einige Spieler sich spontan in die Arme, um sich zu beglückwünschen. Sie hatten hier (unbewußt) die einfachste, fundamentalste Nachrichtenübermittlung benützt, die wir kennen, um große Freude, Erleichterung und Dankbar-

---

* Wir können das Wort »Mann« ruhig durch »Mensch, der es in der Gesellschaftsform, in der er lebt, zu etwas bringen will«, ersetzen.

keit den Kameraden gegenüber auszudrücken. Wir hatten das Spiel in der Hotelbar eines Hauses gesehen, in dem ich gerade eines meiner Seminare abhielt. Einer der Seminarteilnehmer, der diese Umarmungen beobachtete, sagte spontan: »*Die sind ja alle schwul!!*« Finden Sie das nicht auch sehr traurig?

Unsere Programme bezüglich Zärtlichkeit sind ungemein ungesund und laufen außerdem den einfachsten biologischen Vorgängen zuwider:

- Eine Frau darf Gefühle zeigen, dafür kann sie aber nicht logisch denken. (Haben Sie dieses Programm auf Seite 28 als »positiv« oder als »negativ« eingestuft?)
- Ein Mann darf seine Gefühle nicht zeigen, da er jede Situation kühl, bedacht und sachlich (mit dem Denkhirn allein!) zu bewältigen hat.
- Wenn eine Frau logisch und konsequent denken kann, darf auch sie ihre Gefühle nicht mehr zu offen zeigen, da sie sonst ihren mann-ähnlichen Status sofort wieder gefährdet.
- Ein Mann weint nicht.
- Eine Frau darf anderen Frauen gegenüber Zärtlichkeit ausdrücken, auch wenn diese nicht zur unmittelbaren Familie gehören.
- Ein Mann darf anderen Männern gegenüber nie Zärtlichkeit ausdrücken.
- Mit einem Mädchen darf man ein wenig schmusen, da es ja später eine Frau (!) sein wird.
- Mit einem Jungen darf man nicht schmusen (wenn er mal aus dem Kleinkind-Stadium heraus ist), da er ja später ein Mann (!) sein soll.
- Eine Frau darf andere Frauen sogar umarmen und berühren, auch wenn diese nicht zur unmittelbaren Familie gehören (allerdings sind »zu viele« Berührungen tunlichst zu vermeiden, da sonst der Verdacht einer lesbischen Liebe entsteht).
- Ein Mann umarmt andere Frauen nicht ohne Sex-Absichten, außer sie treten in der Rolle »Ehefrau«, »Mutter« oder »Tochter« auf.

● Menschen, die älter als 40 Jahre sind, haben sich außer einem Händedruck (und vielleicht, wenn sie sehr modern sind, einer Mini-Umarmung) überhaupt nicht zu berühren.

Nimmt es da noch Wunder, daß heute so viele Menschen unter Einsamkeit und Isolierung leiden, wenn doch letztlich nur engste Familienangehörige (oder Liebespartner) sich berühren, sich streicheln, sich liebevoll in den Arm nehmen dürfen? (Wie ist es denn um unsere allein-lebenden Mitbürger bestellt?!)

Je »primitiver« ein Volk ist, desto mehr Hautkontakt erlebt der Säugling. Ständig wird er auf dem Rücken der Mutter herumgetragen. Nie kann er sich »abgestellt« oder »abgeschoben« fühlen. Daher hat er auch die Möglichkeit, eine tiefe, innere Sicherheit, ein sog. Ur-Vertrauen zu entwickeln.

Je »zivilisierter« die Gesellschaftsform, desto weniger Hautkontakt erlebt der Säugling, desto eher finden sich Pflichten und Erwartungen, die ihn schon sehr früh von Haus und Mutter entfernen. Schließlich soll er ja »selbst-ständig« werden, d. h. bereits sehr früh lernen, allein zu stehen. Nur lernt man nie, ganz allein zu stehen. Dies ist nämlich biologisch widersinnig. Es macht lediglich einsam!

Das heißt natürlich auch, daß wir vor offenen verbalen Mitteilungen zärtlicher Gefühle Angst haben müssen, da man seine Gefühle der Zärtlichkeit doch unter Verschluß halten muß. Wie eine alleinstehende Frau mir berichtete:

> Ich habe immer Angst, mißverstanden zu werden. Lerne ich einen netten Mann kennen, wage ich kaum je zu sagen: »Sie sind mir sympathisch.« Ist er nämlich verheiratet, darf ich es nicht. Ist er unverheiratet, meint er gleich, Sie wissen schon . . .

Ist das nicht bedrückend?

Zwischenmenschliche Bindungen

Die »normale« zwischenmenschliche Bindung verläuft im Durchschnitt so: Ein Mensch (A) lernt einen anderen Menschen (B) kennen. Erste Kontakte werden über intellektuelle oder andere gemeinsame Interessen hergestellt. Die Bindung vertieft sich entweder nicht (Bekannten-Status wird erhalten), oder aber sie vertieft sich. Im letzteren Falle tauchen früher oder später zwangsläufig Gefühle der Zuneigung, des »Die-Beziehung-vertiefen-Wollens« auf. Hier mußte nun die Bekanntschaft in Freundschaft, d. h. in eine *zärtliche* Bindung übergehen. Nehmen wir an, auch das geschieht (obwohl schon hier bei vielen Menschen Programm-Hemmungen bestehen). Nun tauchen irgendwann zwangsläufig Gefühle des Berühren-Wollens auf; aber davor haben A und B Angst. *Wiewohl Berührungen in diesem Stadium die natürlichste Entwicklung wären, wagt man es nicht!* Die Programme haben es verboten. Das macht man doch nicht! Man wagt es nicht, den anderen in den Arm zu nehmen, um Trost zu spenden oder um Freude oder Dankbarkeit (s. S. 45) auszudrücken. (Ausnahme: Bei manchen Freundschaften, die schon seit mehr als einem Jahrzehnt bestehen, und auch in großen Teilen der jüngeren Generationen lösen sich manche Programme auf.) Man wagt es nicht, sich lediglich deshalb zu berühren, *weil man die Nähe des anderen spüren möchte.* Weil man streicheln möchte und sich danach sehnt, gestreichelt zu werden. Denn die Programme haben es verboten. Ist das nicht traurig?

Wenn diese zärtliche Bindung nämlich ausgelebt werden dürfte, würde sie sich unter Umständen schon bald in eine *erotische* Bindung verwandeln, wobei wir hier erotisch von sexuell unterscheiden. Denn: Zärtliche Berührungen lösen tiefe Gefühle des Wohlbefindens, der Sicherheit, der Freude und des Glücks aus. Diese Gefühle aber kommen durch Stimulierung der Lustareale im limbischen System zustande. Da aber alle Erregungen der Lustareale die Ausschüttung von Sexualhormonen veranlassen können[*]

---

[*] Dies gilt auch für nicht-sexuelle Freude!

(VESTER [130]), kann es natürlich auch zu erotischen Gefühlen führen. *Das bedeutet natürlich nicht unbedingt, daß die beiden Menschen auch sexuelles Verhalten wünschen müssen!* Diese erotischen Gefühle bezeichnen lediglich einen *angenehmen Erregungsgrad intensiven Wohlbefindens*, der auch sehr gesund ist.

Meines Erachtens ist es *gerade diese* Entwicklung, die zu den Verboten der ausgelebten Zärtlichkeit im Freundschaftsstadium der Beziehung geführt hat. Man hatte ursprünglich nicht vor der Zärtlichkeit als solcher Angst, sondern vor den erotischen Gefühlen, die die ausgelebte Zärtlichkeit (auch bei gleichgeschlechtlichen Partnern *ohne* homosexuelle Neigungen!) auszulösen vermag.

Erst wenn für A und B aus der Freundschaft eine Liebespartnerschaft wird, wird auch Sexualität akzeptiert. Ausnahmen bestätigen die Regel.

Ideale Eustreß-Beziehungen

Wenn A und B nicht von Programmen gehindert würden, könnte ihre Beziehung die obengenannte Entwicklung durchlaufen. Wobei es den beiden immer anheim gestellt bleibt, ob sie von Phase 1 (Bekannten-Status) in Phase 2 (zärtliche Bindung), von dort in Phase 3 (erotische Bindung) und von dort schließlich in Phase 4 (sexuelle Bindung) gleiten wollen oder nicht!

Somit ist die erotische Bindung das Bindeglied zwischen zärtlichen (menschlichen) und sexuellen Kontakten. Wenn wir frei von diesen Programmen wären, könnten sexuelle Beziehungen einfach »geschehen«, statt von einem oder beiden Partnern gezielt kalkulierend angestrebt werden zu müssen. Dann würden wir *viel mehr Zärtlichkeit* erleben dürfen. Und, last not least, würde jede Bindung von vielen kleinen Ängsten befreit:

● Wie hat er* das gemeint? Soll das nun eine »Einleitung« darstellen oder nicht?

● Ich würde ihn so gerne berühren, aber ich wage es nicht.

---

* Wir sagen hier nur »er«, damit meinen wir den Partner, um ein ständiges »er« bzw. »sie« zu vermeiden.

- Ich würde so gern einfach von ihm in den Arm genommen werden, und still so da liegen; aber ich könnte ihm das nie sagen, weil ich Angst hätte, daß er dies falsch auffassen würde.

Die Tatsache, daß viele solcher Wünsche und Ängste *unbewußt* ablaufen, weil diese Programme zum Teil schon so früh in der Kindheit angelegt wurden, macht die Situation noch gefährlicher. Denn dadurch meinen so viele Menschen, alles Gesagte träfe ja auf sie nicht zu, *weil sie sich ja gar nicht nach Zärtlichkeit sehnen!* Solche Menschen *meinen* dann, *sie brauchten keine* Zärtlichkeit. Viele meinen sogar, sie brauchten auch keinen Partner.

Natürlich gibt es einige (wenige) Menschen, die sich so viele Lusterlebnisse durch aufregende und »intellektuell« stimulierende Gedanken verschaffen können, daß sie tatsächlich (lange) ohne einen Partner und ohne körperliche Berührungen auskommen können. Aber: Dieser Menschentyp ist (noch) sehr rar. Und viele, die sich dafür halten, sind es nicht!

Wenn man nun einsehen könnte, daß Zärtlichkeit *lebenswichtigen* und *freudebringenden* Eustreß auszulösen vermag und daß diese erotischen Gefühle lediglich ein intensives Zärtlichkeitsgefühl, verbunden mit dem natürlichen Wunsch nach geistig-seelischer *und* körperlicher Nähe darstellen, dann könnte man es vielleicht wagen, diesen tiefen Bedürfnissen eines Homo sapiens in Zukunft nicht mehr aus Angst zu entfliehen.

Die Bibel, die übrigens einen hervorragenden Schatz an menschlichen und psychologischen Weisheiten in sich birgt, rät uns, *wieder wie die Kinder zu werden.* Wir sollten diesen Satz (der sich übrigens auch in den Schriften anderer Völker wiederfindet) sehr ernst nehmen. Allerdings nicht im Sinne von »wieder unwissend«, sondern im Sinne von –

---

den Zustand soweit wie möglich wieder anzustreben, in dem wir uns alle vor der Programmierung befunden haben.

In einem Essay aus dem Jahre 1932 beschreibt HERMANN HESSE eine Dreiphasenentwicklung des Menschen: Er sagt, das Kind werde zunächst in einen *»Zustand der Einigkeit mit allem Lebendigen«* hineingeboren. Dann aber werde es belehrt, was gut und böse sei, so daß es zwangsläufig in die zweite Phase eintreten müsse: »Es wird ein Individuum, das sich durch *Elend und Verfremdung* auszeichnet.« Man habe es mit Gesetzen und einem Moralkodex bekanntgemacht; es fühle sich jedoch unfähig, diesen willkürlichen Kodex zu befolgen, da dieser *zuviel Natürliches ausschließe.*

Leider erreichen nur wenige Menschen es (fährt HESSE fort), in eine dritte Phase einzutreten, in der er so *»von neuem die Natürlichkeit des Seins* empfinden« könne. Die meisten Menschen seien verdammt, ihr Leben in dieser zweiten Phase auszuleben.

Ein Ziel dieses Buches ist es, Ihnen zu zeigen, daß auch Sie sich *vielleicht* in dieser zweiten Phase befinden, und aufzuzeigen, daß man *doch noch* in die dritte Phase kommen kann (Teil I des Buches), bzw. wie man dieses erreichen kann (Teil II).

Sexualität

So wie Distreß immer von Erregungen der Unlustareale und Ausschüttung von Kortikoid-Hormonen begleitet wird, so geht Eustreß immer mit Erregungen der Lustareale und Ausschüttungen der Sexual-Hormone einher. Dies gilt auch für *nicht-sexuelle Freuden!*

Dies mag im ersten Augenblick seltsam anmuten, da wir durch die Wortbildung meinen, Sexualhormone könnten nur bei Sexualverhalten auftreten. Tatsache aber ist, daß wir diese Hormone zu einer Zeit so bezeichnet haben, als gewisse Zusammenhänge noch nicht bekannt waren. Eigentlich müßten wir von *Freude-Hormonen* sprechen, wobei natürlich auch Sexualverhalten diese Hormone auslösen kann. Da aber der Ausdruck bereits feststeht, wollen wir ihn beibehalten.

Wenn nun die Sexualität durch negative Programme mit Angst, Hemmungen, Scham- oder Schuldgefühlen etc. verknüpft wird, dann wird sie automatisch die Kampf- oder Flucht-Reaktion des Reptiliengehirns auslösen. Nun aber wissen wir: Je häufiger ein Organismus Distreß erlebt, desto mehr wird (werden)   ⟶

- die körpereigene Abwehr geschwächt;
- Extra-Energien »verbraten«;
- Leistungsabfall registriert;
- die Krankheitsanfälligkeit erhöht! (VESTER)

Je häufiger ein Organismus hingegen Eustreß erfahren darf, desto mehr werden obengenannte Folgen ins Gegenteil verkehrt – also, desto gesünder, stärker, freudiger, leistungsfähiger und vitaler lebt er!

Nun stellt die Sexualität den stärksten und gesündesten Eustreß-Faktor dar, den es gibt. Aber gerade auf diesem Gebiet besitzen wir viele schädliche Programme! Wenn aber Sexualität mit Angst, Scham, Schuldgefühlen etc. gekoppelt wird, ist gleichzeitig die erfolgreichste Regenerierung der eigenen Überlebenskraft eingeschränkt.

Da aber die *Kortikoid-Hormone und die Sexual-Hormone* sich in ihrer Wirkung gegenseitig ausschließen (VESTER), bedeutet *Angst vor Sexualität*, daß man sie nicht mehr ohne Kampf- oder Flucht-Reaktionen erleben kann. Diese aber verstärken die Angst vor weiteren Sexual-Erlebnissen, und der Teufelskreis hat sich geschlossen!

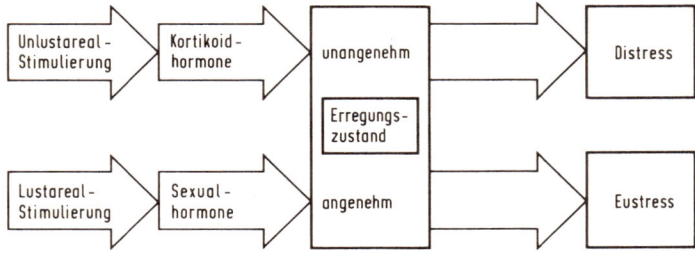

Der Biochemiker VESTER (129, S. 293) sagt hierzu:

> Freudige Ereignisse und Erfolgserlebnisse (wirken) durch die gleichzeitige Stimulation der Hormone des Sexualbereichs und der damit zusammenhängenden Drüsenfunktionen . . . ausgleichend als Anti-Streß-Faktoren.
>
> Über diesen Hormonbereich erhöhen (diese Erlebnisse) die körpereigene Abwehr . . ., genauso wie umgekehrt die Streß-Hormone die Sexualfunktion unterdrücken und die Infektionsgefahr erhöhen.
>
> Leider ist jedoch gerade der Sexualbereich mit allen drei (Di)streß-Faktoren der Verhaltensunsicherheit verknüpft: falsche Gewohnheiten, Gewissenskonflikte, Tabus . . .
>
> Gerade die Regungen, die uns vor (schädlichem) Streß *schützen könnten,* werden hier durch Unverstand . . . (mit) dem (Di)streß-bereich gekoppelt. Das beginnt bereits in der frühesten Kindheit . . . So können in der Tat Zärtlichkeit, Erotik und Sexualität *ihres eigentlichen Inhalts, der Freude, verlorengehen* und somit auch die natürlicherweise gegebene Entspannungs- und Erholungsfunktion einbüßen.

Ich möchte hier noch einmal mit Nachdruck darauf hinweisen, daß viele dieser Programme gegen Zärtlichkeit, Erotik und Sexualität *völlig unbewußt* bleiben. Daher muß sich dann das Opfer dieser Programmierung, von der es (oft) nicht einmal weiß, durch *Selbstgerechtigkeit und Entrüstung* beweisen, wie richtig doch seine (durch Programmierung hervorgerufene) Ablehnung gewisser Verhaltensweisen anderer ist!

Wenn diese Ablehnung wirklich nur aus dem Denkhirn kommen würde, wie z. B. die sachliche Feststellung »Distreß ist ungesund«, dann würde der Besitzer besagten Denkhirns weder –

- die Stimme erheben, um nachdrücklichst (!!!) festzustellen, daß es sich doch nur um rein rationale Einwände handle,
- mit der Faust auf den Tisch hauen (Kampf-Aktion des Reptiliengehirns), um seine klare sachliche Nüchternheit zu demonstrieren,

noch würde er –

- Schimpfworte (»die Schweine«, die »Schwulen«, die »Perversen«) benutzen, denn sachliches Denken zeichnet sich unter anderem durch beschreibende Wörter mit geringer emotionaler Färbung aus.

Sollten Sie jetzt erstaunt feststellen, daß Sie doch in so mancher Zeile dieses Buches emotionale Färbungen entdecken konnten, dann ist dies richtig: Ich empfinde eine sehr große Trauer darüber, daß wir so nahe an unserem Glück vorbeileben und trotzdem häufig den »Wald vor lauter Bäumen« nicht mehr sehen können! Es ist mir ein starkes Anliegen, diese Zusammenhänge bewußt zu machen, weil ja auch ich immer wieder durch die Reaktionen so programmierter Menschen Distreß erlebe.

Ja, aber haben wir denn nicht diese riesige Aufklärungswelle der letzten Jahre erlebt? Wissen wir denn immer noch nicht, wie man »Sex machen« sollte? Nein! Die meisten bisherigen Aufklärungsbücher haben zwar einen Schritt in die richtige Richtung getan, haben sich aber doch wohl zu häufig mit Technik A, B oder C und Tricks 17, 18 und 19 befaßt, als gegen ungesunde und Distreß auslösende Programme allzuviel ausrichten zu können. Was nützt es zwei Menschen, wenn sie alles über Sex wissen, ohne ihr Ziel über eine gesunde Entwicklung, über *ausgelebte Zärtlichkeit* erreichen zu können? Außerdem wurde gerade durch die Aufklärungswelle ein Denkfehler ausgelöst: Wenn Sex also gut und gesund ist, dann sollte sich der einzelne wohl soviel wie möglich »beschaffen«. Also haben gerade die Erklärungen, die helfen sollten, viele veranlaßt, »nackten« Sex zu suchen statt *Zärtlichkeit,* die meines Erachtens die *Basis für Sexualität* darstellen sollte. Es muß nicht immer nur die große, einzige Liebe sein – das muß der einzelne für sich entscheiden. Aber es sollte doch zumindest eine gute Portion Zärtlichkeit vorhanden sein! Schließlich sollte man bereit sein, auch dem Partner viel zu geben, anstatt nur, wie die Amerikaner sagen, »auf dem anderen zu onanieren«. Ein harter Ausdruck, sicherlich, aber ich finde keinen weichen, netten Ausdruck, um hartes, rohes Verhalten zu beschreiben.

Noch ein Faktum hat uns die Aufklärungswelle beschafft: Jetzt *weiß* man, daß man Orgasmen haben muß. Steht es doch dort geschrieben! Aber genausowenig, wie man im wirklichen Leben auf einen Knopf drücken und glücklich sein kann*, genauso-

---

* Ausnahme: die intrakranielle Selbststimulierung im Labor, s. S. 16.

wenig kann man auf den Bauchnabel des Partners drücken und sexuelle Erfüllung verlangen. Genauso falsch wie die alte Einstellung, Frauen brauchten oder wollten keine sexuelle Erfüllung, ist die Forderung mancher Frau heute, die da lautet: »Du bist für meine Orgasmen zuständig, also gib sie mir!«

Fallstudie Karola und Werner

Karola und Werner lernten sich im Urlaub kennen. Erste Gespräche ergaben, daß sie berufliche und private Interessen verbanden. Es ergab sich ein höchst anregendes Gespräch, faszinierende neue Denkanstöße und somit Erregungen der Lustareale. Keiner von beiden merkte, wie die anderen jungen Leute, in deren Kreis sie sich begegnet waren, aufbrachen, um sich ein Feuerwerk am Meer anzuschauen.

Das anregende Gespräch steigerte sich in ein so intensives Gefühl des Wohlbefindens sowie der Dankbarkeit dem anderen gegenüber, der diese Gefühle ausgelöst hatte, daß sie beschlossen, den Abend zu verlängern, als die Hotelbar schloß. Also begaben sie sich mit einer Flasche Wein in Karolas Zimmer, wo sie ein Kassettengerät mit schöner, leiser Musik stehenhatte. Die Unterhaltung ging bis zum Morgengrauen weiter, bis schließlich eine tiefe, angenehme Erschöpfung den stundenlangen Zustand höchster Erregung ablöste. Werner schlug vor, einige Stunden zu schlafen. Als sie zum gemeinsamen Frühstück aufbrachen, fragten sich beide insgeheim, ob der gestrige Abend in seiner Schönheit nicht nur ein Zufall war. Ob die faszinierenden Gedanken und die freudige Erregung vielleicht nur vom Alkohol ausgelöst wurden. Aber schon bald ließ eine Bemerkung Werners den gestern erlebten Zustand wieder aufflackern, und einige Stunden später wußten beide, daß sie hier den Beginn einer harmonischen menschlichen Bindung erlebt hatten. Dies wiederum löste starke Zärtlichkeitsgefühle füreinander aus, die wiederum den Wunsch nach Berührung erweckten. Nun wurde die Situation für Karola problematisch: Sie sehnte sich zwar nach Berührungen, wußte aber noch nicht, ob sie die Beziehung von der zärtlichen in die sexuelle Phase gleiten lassen sollte. Da sich aber die Begegnung bis jetzt durch eine ausgesprochen offene und ehrliche Kommunikation ausgezeichnet hatte, brachte sie ihre Gedanken zur Sprache. Werner gestand, daß auch er ähnliche Gefühle habe, fügte aber lächelnd hinzu, daß er weniger unsicher bezüglich etwaiger sexueller Wünsche sei als sie. Als er ihren Gesichtsausdruck sah, wurde er ernst und erklärte ihr, daß er nicht um des Sexes willen mit ihr schlafen wolle und daß er Berührungen, die keinerlei »Versprechen« beinhalteten, begrüßen würde. Somit erlaubten beide ein Vorrücken in die zärtlich-erotische Phase, ohne sich auf ein Erreichen der sexuellen Phase festgelegt zu haben.

Sie verbrachten den gesamten Tag miteinander, erfüllt von positiven Gefühlen sich selbst und dem anderen gegenüber. Sie unterhielten sich, streichelten sich, hörten schweigend der Musik zu und unterhielten sich wieder. Abends landeten sie erneut, mit Getränken versorgt, in Karolas Zimmer. Aber auch in dieser Nacht begnügten sie sich mit Berührungen ohne Sexual-Charakter, hauptsächlich weil Werner eine gewisse Zurückhaltung bei Karola spürte und auch respektierte.

Erst am Nachmittag des nächsten Tages begann diese Partnerschaft in die sexuelle Phase überzugehen. Leichte Gefühle sexueller Erregungen waren zwar zuvor schon sporadisch einmal aufgetaucht, hatten vor diesem Zeitpunkt jedoch noch kein eigentliches sexuelles Verhalten ausgelöst. Nun aber wuchsen diese erotischen Gefühle, bis sie sich in rein sexuelle gewandelt hatten. Hier lassen wir Karola selbst berichten:

> Es war absolut phantastisch. Plötzlich war es da. Ich meine: das neue Gefühl. Plötzlich begann es mich unheimlich zu erregen, wenn Werner meine *Schultern* berührte, obwohl er das ja auch vorher schon getan hatte. Ich kann das so schlecht erklären. Es war plötzlich, als ob mein ganzer Körper unter Strom stünde. Aber, als er sich dann langsam (und unsagbar zärtlich) in Richtung Brust weitertastete, befand ich mich bereits im höchsten Grad der Erregung. Und dann passierte das Unglaubliche: Seine Berührungen an der Brust, genaugenommen sogar überwiegend zwischen Brust und Achsel, brachten mich zu einem Orgasmus, wie ich ihn noch nie erlebt habe.

So unglaublich, wie Karola meinte, war der Prozeß jedoch nicht. Aber da eine Beziehung ja nur *höchst selten* die drei ersten Phasen in beschriebener Form durchläuft, sind solche Erlebnisse leider weit seltener, als sie sein könnten. Auch für Werner war dies ein »erstesmal«. Er erklärte:

> Die Sache mit Karola hat mich zuerst fast geschockt. Ich weiß auch, daß, hätten wir schon vorher versucht, sexuelle Befriedigung zu erlangen, alles anders gekommen wäre. Ich habe so etwas Intensives noch nie erlebt. Ich habe natürlich schon mit anderen Frauen geschlafen, manche davon sogar rein äußerlich attraktiver als Karola; aber sowas habe ich in meinem ganzen Leben noch nie erlebt. Ich hatte sogar einen Moment lang fast Angst, als sie anfing, so stark zu reagieren. Besonders, weil sie ständig sagte: »Das gibt es nicht, das gibt es nicht«, was mir zeigte, daß ihre Reaktion auch für sie ungewöhnlich war. Aber dann löste es in mir eine so starke Freude (vielleicht sogar ein wenig Stolz) aus, daß eine Frau derartig stark auf super-zarte Berührungen reagiert, daß ich mich total in diesem Gefühl aufgehen ließ. Ich fühlte nur noch – ich hörte auf zu denken.

Dieses Nur-noch-Fühlen ist die Voraussetzung für Erlebnisse solcher intensiven Freude. Im Zen-Buddhismus heißt es »du *bist* die Hand«, d. h., daß der Streichelnde jede Unze seines Seins in die Hand leitet, so daß das Berühren als solches in ihm tiefste Gefühle der Freude und Erregung auszulösen vermag. Der berührte Partner hingegen läßt sich »treiben«, um so jede Berührung, sei sie noch so zart, vollends zu empfinden. (S. auch die Hier-und-Jetzt-Übung, Teil II, S. 94 f.)

Diesen Zustand einer *erotisch-sexuellen Partnerschaftsmeditation* kann man nur erreichen:

1. wenn die Entwicklung *über die drei vorangegangenen* Phasen in die sexuelle führt. Ob dieser Prozeß nun Stunden, Tage, Wochen, Monate oder Jahre dauert, ist dabei gleichgültig,

2. wenn man jeder Entwicklung gegenüber offen ist. Im Zen heißt es, daß nur der ein Ziel erreichen wird, der es *nicht angestrebt* hat. Für meditative Vorgänge sowie für Freude durch eine sexuelle Beziehung ist dieser Grundsatz wahr,

3. wenn *man sich total dem Augenblick widmet*. Ein völliges Aufgehen im Hier und Jetzt. Ein totales Eingehen auf den

anderen bzw. ein vollkommenes Erfühlen des eigenen Körpers sind die Grundvoraussetzungen, um derartig intensive Gefühle entwickeln und wahrnehmen zu können. (S. auch die FELDENKRAIS-Übung, Teil II, S. 89 f.)

Also sieht die grafische Darstellung einer glücklichen zwischenmenschlichen Beziehung wie folgt aus:

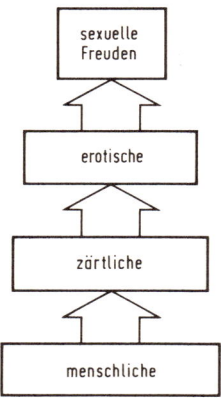

So erreicht eine solche menschliche Beziehung das, wovon die Literatur schon seit Jahrtausenden schwärmt:

Ein völliges Sich-Aufgeben, ohne sich dabei zu verlieren.

Zusammenfassung

zu Liebe

● RHINEHART: »Die gesellschaftlichen Konsequenzen einer Nation aus Normalen sind offenbar: Elend, Konflikte, Brutalität, Krieg und allgemeine Freudlosigkeit.« Normale, das sind »normal Programmierte«, also die meisten Menschen unserer Zeit!

- Ursache ist jedoch nicht die mangelnde Nächstenliebe, sondern ein mangelnder (gesunder!) Egoismus.
- Gesunder Egoismus jedoch wird durch zu viele Programme unterbunden, zu denen die Kirche nicht wenige beigesteuert hat.
- Ein gesunder, ausgelebter Egoismus erst hätte einen wahren Altruismus (dem Volk gegenüber) erlaubt.
- Befriedigung der eigenen physiologischen Bedürfnisse → physiologische Homöostase. Befriedigung der eigenen psychologischen Bedürfnisse → psychologische Homöostase. Befriedigung der Bedürfnisse anderer → soziale Homöostase, die letztlich auch wieder uns selbst zugute kommt (Prinzip des »altruistischen Egoismus«).

zu Zärtlichkeit

- Zärtlichkeit wird von »zart« abgeleitet. Sie stellt ein Grund-Bedürfnis eines jeden Organismus dar.
- Wer Zärtlichkeit durch negative (schädliche) Programme mit Angst, Hemmungen, Scham, Schuld oder Wut (durch Ablehnung) koppeln muß, löst dadurch automatisch Kortikoid-Hormone in sich aus, wenn zärtliches Verhalten diskutiert oder gewünscht wird.
- Diese Hormone aber wirken den Sexual-Hormonen, die bei allen Eustreß-Gefühlen, auch denen nicht-sexueller Art, ausgelöst werden, diametral entgegen. Sie lösen akuten Distreß aus.
- Je häufiger ein Organismus Distreß erleben muß, desto geschädigter wird er, da jede Distreß-Situation eine »chemische Narbe hinterläßt« (SELYE).
- Je mehr Eustreß ein Organismus hingegen erleben darf, desto gesünder wird er.
- Sexuelle Bindungen können im Idealfall über folgende vier Phasen erreicht werden: 1. menschliche, 2. zärtliche, 3. erotische und 4. sexuelle.

zu Sexualität

- Kortikoid-Hormone und Sexual-Hormone schließen einander aus.

- Jede Lustareal-Stimulierung löst automatisch Sexualhormone (und daran gekoppelte Drüsenfunktionen) aus, auch wenn es sich um nicht-sexuelle Lebensfreuden handelt (z. B. Erfolgserlebnisse!)

- Sexualität stellt den stärksten und gesündesten Eustreß-Faktor dar! Leider werden wir häufig durch negative Programme besonders dieses regenerierenden Faktors zu sehr beraubt.

- Die Aufklärungswelle stellte zwar bereits einen Schritt in die richtige Richtung dar, löste aber auch so manche falsche Vor- und Einstellungen aus.

- Die Fallstudie (Karola und Werner) soll einen Mini-Ausschnitt des Bildes vermitteln, das uns aufzeigen könnte, zu welch wunderbaren, glückseligen Erlebnissen der Mensch fähig sein *könnte*, wenn er es lernt, sich aus gewissen negativen Programmen zu lösen (Methode s. Kap. 8).

- Somit könnte eine tiefe, freudige und wahrhaft sinnliche Begegnung zwischen zwei Menschen ein uraltes Ziel der Menschheit erreichen: ein völliges Sich-Aufgeben, ohne sich dabei zu verlieren ...

Kapitel 5
Energien-Haushalt

Das Leben ist eines der »teuersten« – jeder Gedanke, jedes Gefühl, jede OR kostet Kraft. Woher kommen nun die Energien, mit denen wir unser Leben »finanzieren«?

Zunächst einmal wird jeder Mensch mit einem gewissen *Energie-Potential* geboren. Dieses Potential bestimmt, wie dynamisch der einzelne seine Bedürfnis-Befriedigung durchzusetzen vermag. Wir nennen dieses genetisch bedingte Potential nun X (die unbekannte Größe, die beim einzelnen unterschiedlich angelegt ist):

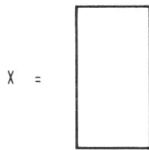

Mit dem Kasten symbolisieren wir den Energien-Haushalt, da die *Verteilung* der Energien bei allen Menschen im gleichen Schema verläuft.

A-, B-, C- und D-Energien

Wir unterscheiden vier Formen von Energien, die A-, B-, C- und D-Energien.

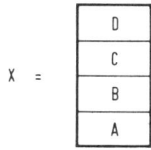

A-Energien

Über diese Energien sprachen wir bereits in Kapitel 1: Das sind die Energien, die zur Absicherung des nackten Überlebens dienen, also Nahrungsaufnahme und Verdauung, Ausscheidung, Sauerstoffaufnahme und -verarbeitung, Stoffwechsel, Stimuliaufnahme im limbischen System usw.

B-Energien

Hierbei handelt es sich nun um jene Energien, die wir benötigen, um unser Selbstwertgefühl aufrechtzuerhalten, es zu verteidigen, wenn wir angegriffen werden, bzw. es wieder aufzubauen (z. B. durch Leistungen). Energien also, die das psychologische Wohlbefinden absichern.

C-Energien

Hierbei handelt es sich um Energien, die wir zum Verarbeiten neuer Stimuli benötigen, die zudem noch in das schon bestehende Raster von Gewußtem einsortiert werden müssen. C-Energien sind es auch, die wir »verbraten« müssen, wenn eine Information mit bereits vorhandenem Wissen nicht zusammenpaßt. (Vgl. kognitive Dissonanz in meinem Buch (15) »Kommunikationstraining«, mvg-Paperback.) Da ja jeder Gedanke wie ein physiologischer Stimulus verarbeitet werden muß, sehen wir hier, warum Denken und Lernen Kraft kosten müssen!

D-Energien

Hierbei handelt es sich um die Energien, die wir für *Arbeiten* benötigen. Wobei wir uns hier an die physikalische Definition anlehnen und sagen: Alles, was Kraft kostet und unter B- oder C-Tätigkeiten noch nicht erfaßt wurde, ist »Arbeit«, benötigt also D-Energien. Ob Sie einen Horrorfilm ansehen oder ein Verkaufsgespräch führen, ob Sie Blumen pflanzen oder in den Urlaub fahren, ob Sie tanzen, singen oder schwere Lasten schleppen – das alles fällt in die D-Kategorie.

Warum das Kästchen-Modell des Energien-Haushaltes?

Natürlich hätten wir auch einfach sagen können, daß alles, was Sie wahrnehmen, denken, lernen oder tun, Kraft kostet. Damit aber wäre die Hierarchie der Energie-Vergabe innerhalb des Organismus nicht klar zutage getreten. Denn, um eine solche handelt es sich hier. Genau wie im Modell der Bedürfnis-Hierarchie nach MASLOW (s. Kap. 3) gelten hier gewisse Regeln, welche Tätigkeiten vor anderen Vorrang haben und im Notfall Energien zugewiesen bekommen, wenn der Organismus müde, krank, angegriffen wird oder sich aber in Gefahr befindet.

Zusammenwirken von A-, B-, C- und D-Energien

Die A-Energien sichern das *physiologische* Überleben. Sie sind daher die wichtigsten und bekommen immer dann Vorrang, wenn das Überleben gefährdet scheint.

Die B-Energien sichern das *psychologische* Überleben ab. Sie kommen in der Rangordnung gleich nach den A-Energien, wenn wir uns gefährdet fühlen. Sowohl A- als auch B-Energien können daher aus den C- und D-Abteilungen Energien »abzapfen«, weswegen Hobbys und Interessen am ehesten »flachfallen«, wenn wir überarbeitet oder krank sind; die Arbeitslust erlahmt als nächstes zusammen mit der Fähigkeit, Entscheidungen zu treffen (was eine energienteure »Arbeit« darstellt). Als nächstes stellt sich die Unfähigkeit, sich mit Neuem auseinanderzusetzen, ein, aber zu diesem Zeitpunkt ist der Organismus bereits mitten in einem Stadium vermehrter Streß-Symptome (s. auch Streß-Tests Nr. 1 und 2, Kap. 6)!

Nun erhebt sich die Frage, ob innerhalb der C- und D-Energien Verschiebungen möglich sind. Antwort: Ja. Welche Schwerpunkte hier gesetzt werden, hängt einzig und allein von der *Motivierung* des einzelnen ab. Da Motive jedoch freigestellte Energien zur Befriedigung wichtiger Bedürfnisse darstellen (s. Anhang B: Motivation und Frustration), sehen wir, daß die Program-

mierung des einzelnen mit-bestimmen wird, *welche Bedürfnisse*
im Zweifelsfall wichtiger erscheinen: lernen oder arbeiten.
Schließlich ist es verständlich, daß ein Organismus, der zur Zeit
besonders sorgfältig haushalten muß, wo immer möglich, auf
Tätigkeiten ausweicht, die ihm Stimulierungen der Lustareale
im limbischen System verschaffen.
So erklärt es sich, daß der eine streß-geschädigte Mitarbeiter
immer noch (vielleicht sogar zuviel) in Fachzeitschriften liest,
um immer »up to date« zu bleiben, während der andere sich mit
Routinearbeiten überlastet, weil er so mehr das Gefühl hat,
noch »gut zu funktionieren«. Der eine Chef neigt in Krisenzeiten dazu, alles selber zu machen, der andere schiebt jegliche
Entscheidung auf die lange Bank oder anderen zu, einschließlich, wenn möglich die Entscheidung, was er heute mittag essen
soll. Die eine Mutter wirkt unter Druck noch arbeitswütiger
als sonst, die andere ist müde und hat nur noch wenige Energien
frei, um in Illustrierten nach dem Neuesten zu sehen!

Ich möchte hier ausdrücklich darauf hinweisen, daß das Suchen
lustbetonter Tätigkeiten in Zeiten von Distreß eine gute, positive und kreative Art ist, sich Eustreß zu verschaffen, so daß
der Körper unter der Last des angesammelten Distresses nicht zu-
sammenbricht! Falsch wäre es, hier zu kritisieren, nur weil man
selbst in Krisenzeiten zu einem anderen Verhalten neigt. Und
hier wären wir beim Kern dieses Buches angelangt:

**Es gibt keine allgemein gültigen Anti-Streß-Regeln! Deswegen
sollen Sie sich ja Ihren persönlichen Anti-Streß-Fahrplan ausarbeiten, einen Fahrplan, der für Sie persönlich »funktioniert«.**

In Teil II finden Sie viele Hinweise, die darauf abzielen, Distreß-Energien zu sparen. Suchen Sie sich dann diejenigen heraus, die Sie für sich *persönlich akzeptabel* finden. Machen Sie
dann aber bitte nicht den Fehler anzunehmen, daß diese Hinweise für Familienmitglieder, Mitarbeiter oder Freunde *genauso
gültig* wären . . .

E-Energien

Nun gilt es nur noch, den »Reserve-Tank« für Energien zu besprechen, damit unsere Übersicht des Energien-Haushaltes vollständig wird.

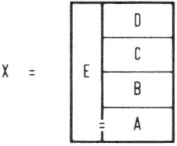

Wie wir gesehen haben, ist die bisherige Verplanung der A- bis D-Energien zwar recht weise angelegt, aber es fehlt noch die Information, wo jene Energien herkommen, die wir bei Gefahr verbrauchen. Für diese besitzen wir einen »doppelten Boden« im A-Kästchen, d. h., solange hier noch genügend Energien zur Verfügung stehen, um Kampf- oder Flucht-Reaktionen zu »finanzieren«, werden diese aus A entnommen. Wenn der Organismus aber müde, überarbeitet, »gestreßt« ist, dann kann es passieren, daß nicht mehr genügend Energien zur Verfügung stehen, um Gefahrensituationen zu überwinden. In diesem Falle öffnet sich eine »Verbindung« zwischen A- und E-Kästchen (natürlich nur symbolisch, dies ist ein Denkmodell!) und zapft so Energien aus dem Reserve-Tank ab. Denn: Die E-Energien (und das ist eine biochemische Tatsache) werden im Körper separat aufgestockt und nur benützt, wenn der allgemeine Energien-Pegel zu weit abgesunken ist. Durch den »Reserve-Tank-Effekt« kann auch der todmüde Reisende, der mit den »letzten Energien« nach Hause fährt, in einer plötzlichen Fast-Unfall-Situation noch hervorragend reagieren und fühlt sich außerdem hinterher wieder hellwach! Die Kampf-Hormone (besonders das Adrenalin) sind für das vorübergehende Wach-Gefühl zuständig.
Wenn das Energien-Niveau in dem Bereich A bis D absinkt, ist der Organismus müde. Nichts, was eine gute Nachtruhe nicht wiedergutmachen könnte. Sinkt jedoch der Pegel des Reserve-Tanks, weil der Organismus in der letzten Zeit zu häufig auf E-Energien zurückgreifen mußte, beginnt akuter Distreß. Je tiefer

das Niveau im Reserve-Tank aber sinkt, desto deutlicher signalisiert der Organismus dies durch die sog. Streß-Symptome. Je mehr dieser Streß-Symptome jemand also häufig, regelmäßig oder gar ständig aufweist, desto notwendiger ist ein Ausruhen, ein Pause-Machen, damit erst der Reserve-Tank, dann das A-Kästchen wieder »aufgetankt« werden können. Denn das Streß-Syndrom läuft in Phasen ab, wobei die Streß-Symptome zur Phase des Widerstandes (Resistenz) gehören, der dann die Phase der Apathie, der totalen Erschöpfung bzw. des Zusammenbruchs folgen muß!*

Wenn man nun versteht, daß eine geschickte Energien-Verplanung die einzige Methode darstellt, Distreß so zu dosieren, daß er nicht lebensbedrohend ist, dann wird man die Wichtigkeit der Energien-Regeln in Teil II dieses Buches einsehen. Denn: *Lebensfreude trotz Streß* bedeutet ein Minimieren der Distreß-Energien; *Freude durch Streß* bedeutet ein bewußtes Suchen lustbetonter Tätigkeiten, die Eustreß verschaffen. Hierbei mag es sich um Hobbys und Interessen handeln, oder um Eustreß durch Erfolgserlebnisse und Zärtlichkeit (s. Kap. 4).

Wenn Sie mit dem Wissen dieser Kapitel an den zweiten Teil des Buches herangehen, können Sie beim Ausarbeiten Ihres individuellen Streß-Fahrplans eigentlich nichts mehr falsch machen. Viel Freude wünsche ich!

---

* Übrigens tritt der Tod nicht erst dann ein, wenn auch die letzte Energien-Einheit den Körper verlassen hat, sondern schon vorher. Dies läßt sich anhand der Tatsache beweisen, daß auch nach dem Tod noch Haare, Bart, Finger- und Fußnägel wachsen. Wachstum aber ist ohne Energie unmöglich!

Zusammenfassung

1. Jeder Mensch wird mit einem bestimmten Energie-Potential geboren. Also ist die *Menge* der zur Verfügung stehenden »Anpassungsenergien« (SELYE) genetisch bedingt.

2. Der Energien-*Haushalt* jedoch läuft bei allen nach folgendem Schema (Denkmodell!) ab:

   A-Energien: Überleben, Befriedigung der Basisbedürfnisse des Reptiliengehirns.

   B-Energien: Selbstwertgefühl, psychologisches Überleben.

   C-Energien: Lernen und Bewältigung von kognitiver Dissonanz (d. h. wenn unsere Meinungen oder Programme intellektueller Art angegriffen werden).

   D-Energien: Arbeit, alle Tätigkeiten, die unter A–C noch nicht erfaßt wurden.

   E-Energien: Extra-Energien aus dem Reserve-Tank für Notfälle.

3. Je häufiger dieser Reserve-Tank »angezapft« wird, desto stärker sinkt das E-Energien-Niveau. Dann fehlt es besonders an Energien, um mit weiteren Distreß-Situationen fertigzuwerden. Diesen gefährlichen Zustand signalisiert der Organismus durch Anhäufung der Streß-Symptome (s. Streß-Tests, Kap. 6).

4. Deswegen ist eine weise Dosierung von Distreß-Energien so notwendig (Kap. 7), damit man erstens weniger Streß-Symptome erlebt, die krank machen, und zweitens mehr Eustreß suchen kann, der glücklich, zufrieden und gesund macht. Eustreß ist also nicht nur notwendig, sondern sogar auch schön (s. Kap. 8).

Teil II: Anti-Streß

Kapitel 6
Inventur: Sechs Streß-Tests

Um die Forderung SELYES, das eigene Streß-Niveau zu ermitteln, zu erfüllen, müssen wir eine Inventur vornehmen. Im folgenden finden Sie einige Streß-Tests, deren Auswertung Sie beim Lesen der folgenden Kapitel berücksichtigen sollten. Nur so wird es Ihnen gelingen, Ihren persönlichen Streß-Fahrplan zu erstellen. Beginnen Sie mit den Tests erst, wenn Sie ca. eine Stunde darauf verwenden können. Tragen Sie Ihre Testergebnisse dann auf dieser Seite unten ein.

Test-Resultate

Test Nr. 1: Anzahl der Symptome: *3*

Test Nr. 2: Anzahl der Symptome: *2*

Test Nr. 3: Punktezahl: *106*

Test Nr. 4: Angekreuzte A-Antworten: *11*

Test Nr. 4: Angekreuzte B-Antworten: *2*

Test Nr. 5: ☐ **0—3 Punkte** ☒ **8—11 Punkte**
☐ **4—7 Punkte** ☐ **12—14 Punkte**

Test Nr. 6: Streß-Thermometer:
☐ **50—75 Punkte**
☒ **20—49 Punkte**
☐ **bis 19 Punkte**

Test Nr. 1: Physiologische Streß-Symptome

Lesen Sie unten angeführte Liste aufmerksam durch. Fragen Sie sich bei den Punkten 1–13: *Trifft das bei mir zu?* Und bei den Punkten 14–24: *Habe ich das häufig, regelmäßig oder gar ständig?* Wenn JA, dann kreuzen Sie an.

Die Feststellung der Werte für die ersten fünf Punkte muß Ihr Hausarzt vornehmen. Wenn Sie die Werte noch nicht kennen, lassen Sie diese demnächst feststellen.

Der Punkt »Übelkeit« gilt auch dann als Streß-Symptom, wenn er bei Schwangerschaft auftritt, also auch dann ankreuzen. Punkte »Krampfadern« und »plötzlich auftretende Allergien« gelten auch als Streß-Symptome, selbst wenn Sie der Meinung sind, Sie hätten diese Symptome »geerbt«, d. h. sie seien bei Ihnen genetisch bestimmt.

Frage: Trifft das bei mir zu?

1. ☐ Zu hoher Blutzucker
2. ☐ Zu hoher Cholesterin- bzw. Fettsäurespiegel
3. ☐ Zu hohe »Blutsenkung«
4. ☐ Hypertonie (erhöhter Blutdruck)
5. ☒ Hypotonie (niedriger Blutdruck)
6. ☒ Hämorrhoiden
7. ☐ Stark ausgeprägte Krampfadern
8. ☐ Herzprobleme (bei nichtangeborener Herzinsuffizienz)
9. ☐ Erhöhte Anfälligkeit bei Infektionskrankheiten (angefangen beim Schnupfen)
10. ☐ Plötzlich auftretende Allergien auf Dinge, auf die man früher nicht allergisch reagiert hat
11. ☐ Beim Mann: Nachlassen des sexuellen Dranges bzw. der Potenz oder verminderte Samenbildung*

---

* Es ist sehr schwer zu sagen, ab welchem Alter dies nicht mehr als Streß-Symptom zu sehen ist, besonders, weil Männer in unserem Kulturkreis durch Programme viel zu früh sexuell inaktiv werden. Fragen Sie Ihren Arzt, oder bestimmen Sie selbst, ob Sie diesen Punkt in Ihrem Alter als Streß bewerten wollen.

12. ☐ Bei der Frau: Ständige Zyklusschwankungen oder starke Schmerzen während der Regel
13. ☐ Geschwüre oder offene Hautprobleme (angefangen bei
Akne) ohne externen Anlaß (Pubertäts-Akne hier aus-
genommen)

Frage: Habe ich das häufig*, regelmäßig oder gar ständig?

14. ☐ Kopfschmerzen
15. ☐ Schlaflosigkeit
16. ☒ Müdigkeit und Schlappheit tagsüber
17. ☐ Verdauungsstörungen
18. ☐ Magendruck
19. ☐ Sodbrennen
20. ☐ Darm-Trakt-Probleme (Durchfall, Verstopfung)
21. ☐ Durchblutungsstörungen (kalte Hände oder Füße) oder
Kreislaufstörungen (Schwindelgefühle)
22. ☐ Schweißausbrüche bei nichtigen Anlässen
23. ☐ Atembeschwerden bei nichtigen Anlässen
24. ☐ Sogenannter kalter Schweiß

Tragen Sie bitte die Anzahl der angekreuzten Symptome auf
Seite 67 ein.

---

* Häufig, regelmäßig oder ständig = mehr als einmal pro Woche im Schnitt.

Test Nr. 2: Psychologische Streß-Symptome

Wieder kreuzen Sie zutreffende Punkte an, wenn Sie häufig, regelmäßig oder ständig damit zu tun haben. Bezüglich der ersten sieben Symptome sollten Sie mindestens eine(n) guten Freund(in) befragen, da hier die Gefahr des »blinden Flecks« sehr hoch liegt, d. h., daß Sie sich hier vielleicht unbewußt belügen, wenn Ihnen diese Symptome nicht bewußt aufgefallen sind!

1. ☒ Gereizte Stimmungen
2. ☐ Feindseligkeiten
3. ☐ Übertriebenes Autoritäts-Verhalten oder Dominanz-streben
4. ☐ Ständiger Wechsel der Interessengebiete/Hobbys oder des Arbeitsfeldes
5. ☐ Ständige Umschwünge in Religions- oder Glaubens-fragen
6. ☐ Verlust oder Einschränkung der Fähigkeit, Entschei-dungen zu treffen
7. ☐ Verlust der Selbstkontrolle bzw. -disziplin
8. ☐ Sinnlose Gewalttätigkeiten an Personen, Tieren oder Gegenständen
9. ☐ Depressionen oder starke Stimmungen der Niederge-schlagenheit ohne äußeren Anlaß*
10. ☐ Gleichgültigkeit Arbeit und Hobbys oder gar Familien-angehörigen gegenüber, die einem eigentlich nicht gleich-gültig sein sollten*
11. ☐ Apathie (= Unfähigkeit, Gefühle zu empfinden)*
12. ☐ Unvermittelt auftretende Stimmungsumschwünge, von »himmelhoch jauchzend« bis »zu Tode betrübt« in ei-nem Zeitraum von Stunden
13. ☐ Gefühl des Allein-Seins, des Von-allen-Verlassen-Seins (selbst inmitten des Familien-, Freundes- oder Kolle-genkreises)
14. ☐ Gefühl des Sich-Verkriechen-Wollens*

---

* Lassen Sie vom Arzt überprüfen, ob es sich um eine sog. endogene Depres-sion handelt, diese muß medikamentös behandelt werden, hier helfen psy-chologische Ratschläge oder Psyochtherapie nicht!

15. ☐ Gefühl der absoluten Leere (es hat ja doch alles keinen Sinn!)*
16. ☐ Angst oder Unsicherheitsgefühle, sowie Hemmungen oder Nervosität (HUNA)**
17. ☐ Gefühl des »Schwimmens«, des den-Boden-unter-den-Füßen-Verlierens
18. ☐ Soziales, intellektuelles oder gefühlsmäßiges Sich-Zu-rück-Ziehen
19. ☐ Sich bedroht, bedrückt oder belastet fühlen
20. ☐ Nicht wissen, wohin mit sich (Plan- oder Ziellosigkeit)
21. ☐ Das Gefühl, daß alles auf einmal auf einen zukommt, daß »das Netz sich zuzieht«
22. ☐ Das Gefühl, Situationen oder Personen einfach nicht mehr gewachsen zu sein
23. ☒ Das Gefühl, daß einen Situationen anstrengen, die man früher mit Leichtigkeit bewältigt hat
24. ☐ Unfähigkeit, sich wichtige Dinge zu merken
25. ☐ Lernschwierigkeiten
26. ☐ Konzentrationsschwierigkeiten (Fahrigkeits-Fehler)
27. ☐ Starkes Erschrecken, wenn das Telefon klingelt oder wenn man plötzlich angesprochen wird
28. ☐ Das Gefühl, gegen Langeweile ohnmächtig zu sein
29. ☐ Mangelnde Motivation bei Dingen, die man eigentlich schon tun möchte

Tragen Sie die Anzahl der angekreuzten Symptome jetzt bitte auf Seite 67 ein.

---

* Siehe Fußnote * auf Seite 70.
** HUNA = Abk. für Hemmungen, Unsicherheit, Nervosität und/oder Angst (s. S. 97).

Test Nr. 3: Punktetabelle

Im folgenden finden Sie eine Punktetabelle, die auf den Arbeiten von HOLMES und RAHE basiert, die wiederum die Gedanken von Dr. HAROLD G. WOLFF (Cornell Medical Center, New York) weiterentwickelt haben. Ausgehend von der Tatsache, daß das Streß-Syndrom ja ein Problem der *Anpassung* ist und daß der moderne Mensch sich täglich neu anpassen muß, erarbeiteten sie eine Liste, die einige der typischen Anpassungen des täglichen Lebens beinhaltet. Weiter experimentierten HOLMES und RAHE lange Jahre hindurch, um festzustellen, wie anstrengend die einzelnen Anpassungs-Situationen für den Organismus sind. Das Resultat ist die folgende Liste.

Jetzt geht es um den Zeitraum der letzten 12 Monate. Fragen Sie sich bei jedem Punkt: *Habe ich das in den letzten 12 Monaten erlebt?* Wenn Ja, dann kreuzen Sie an. Am Ende zählen Sie die Punktewerte der angekreuzten Situationen zusammen, das ist Ihr Ergebnis dieses Tests, das Sie dann wieder auf Seite 67 eintragen.

Ereignis:	Punkte	Ereignis	Punkte
1. ☐ Tod des Ehegatten	100	11. ☐ Krankheit eines Familienangehörigen	44
2. ☐ Scheidung	73	12. ☐ Schwangerschaft	40
3. ☐ Trennung vom Ehepartner	65	13. ☐ Sexuelle Schwierigkeiten	39
4. ☐ Gefängnisstrafe	63	14. ☐ Familienzuwachs	39
5. ☐ Tod eines Familienangehörigen	63	15. ☐ Beruflicher Aufstieg	39
6. ☒ Unfall oder schwere Krankheit	53	16. ☐ Veränderung der finanziellen Verhältnisse	38
7. ☐ Eheschließung	50	17. ☐ Tod eines guten Freundes	37
8. ☐ Kündigung des Arbeitsplatzes	47	18. ☐ Versetzung an einen anderen Arbeitsplatz	36
9. ☐ Versöhnung mit dem Ehepartner	45		
10. ☐ Pensionierung	45		

Ereignis	Punkte		Ereignis	Punkte
19. ☐ Wiederholte Ehestreitigkeiten	35		31. ☐ Umzug	20
20. ☐ Schulden über 25 000 Mark	31		32. ☐ Schulwechsel der Kinder	20
21. ☐ Zwangs-vollstreckung	30		33. ☐ Neue Freizeit-beschäftigungen	19
22. ☐ Wechsel der Firma	29		34. ☐ Veränderung im gesellschaftlichen Umgang	18
23. ☐ Kind verläßt das Haus	29		35. ☐ Kredit unter 25 000 Mark	17
24. ☐ Schwierigkeiten mit den Schwiegereltern	29		36. ☐ Veränderte Schlaf-gewohnheiten	16
25. ☒ Persönliche Über-beanspruchung	28		37. ☐ Längere Besuche von Verwandten	15
26. ☐ Ehefrau beginnt oder beendet Arbeitsverhältnis	26		38. ☐ Neue Eßgewohn-heiten (Fasten, Gewichtszunahme)	15
27. ☐ Einschulung bzw. Schulabgang eines Kindes	25		39. ☒ Urlaub	13
			40. ☒ Weihnachtszeit	12
28. ☐ Jegliche Verände-rung der Lebens-gewohnheiten	24		41. ☐ Kleinere Gesetzes-übertretungen (Verkehrsstrafe)	11
29. ☐ Ärger mit dem Chef	23			
30. ☐ Veränderte Arbeitszeit	20		Gesamtzahl der Punkte:	106

Test Nr. 4: A- oder B-Typ

In diesem Test gilt es, Ihr eigenes Verhalten sowie Ihre Einstellung gewissen Fragen gegenüber zu überprüfen. Da dieser Test eine wesentliche Grundlage für Ihre Streßbewältigung darstellt, ist gerade hier eine exakte Ausgangsbasis sehr wichtig. Beachten Sie dies bei Ihrer Beantwortung, so daß Sie auch bei Fragen wie »Unterbrechen Sie andere häufig?« nicht versuchen, »Note 1 im Betragen« zu erzielen, sondern Ihre Streß-Inventur gewissenhaft und genau vervollständigen.

Im folgenden finden Sie 30 Aussagen, die entweder den Buchstaben A oder den Buchstaben B tragen. Kreuzen Sie *die Aussagen* an, von denen Sie meinen, daß sie *auf Sie persönlich* zutreffen.

Typ A- oder B-Aussagen*

B ☐ Ich erledige meine Arbeiten ruhig und sorgfältig.

A ☒ Ich arbeite rasch.

B ☐ Ich lasse mir Zeit, ohne deswegen langsam zu sein.

A ☐ Ich kann nicht langsam arbeiten, dazu bin ich viel zu energiegeladen und temperamentvoll in der Ausführung meiner Tätigkeiten.

B ☐ Ich lege auch hier und da eine kleine Erholungspause ein, ohne gleich Schuldgefühle zu empfinden.

A ☒ Ich hasse es, eine interessante Tätigkeit unterbrechen zu müssen. Pausen sind daher bei mir unregelmäßig. Ich lasse auch mal eine Mahlzeit ausfallen, wenn ich gerade mitten in einer Arbeit drinstecke!

B ☐ Ich bearbeite immer eine Sache nach der anderen. Wenn ich mehrere Dinge gleichzeitig tun soll (z. B. telefonieren – Diktat – in den Unterlagen nachsehen), werde ich nervös.

A ☒ Ich kann sehr wohl einige Dinge gleichzeitig erledigen (es macht auch mehr Spaß!).

---

* Dieser Test wurde frei nach FRIEDMANN und ROSENMANN erstellt.

B ☐ Als Hobby oder Interessen bezeichne ich Dinge wie: Sonnenbaden, Spazierengehen, Tagträumen, Musikhören.

A ☒ Hobbys oder Interessen sind geistig, körperlich anregende, aufregende und faszinierende Tätigkeiten wie Segeln, Bergsteigen, Tauchen, Bücherschreiben, aktiv musizieren, Leistungssport.

B ☒ Mir sind eine innere Ruhe, ein Frieden, eine Beschaulichkeit und ein ›Mit-sich-im-Reinen-sein‹ wichtiger als Karriere, Status, Macht oder Wohlstand.

A ☐ Ich werde erst dann die innere Ruhe finden können, wenn ich genügend Wohlstand erarbeitet habe, um mir diese leisten zu können!

B ☐ Mir ist es ziemlich egal, was andere von mir denken, solange ich selber weiß, daß ich meine Arbeit sauber und zuverlässig erfülle und meinen Pflichten als Elternteil, als Kind, als Ehepartner nachkomme.

A ☒ Erfolg ist erst als solcher definierbar, wenn andere meine Leistungen, mein Können auch anerkennen. Das müssen keine Lobreden sein: ein anerkennendes Nicken genügt.

B ☐ Ich brauche immer etwas länger, um neue Informationen zu verarbeiten, aber dann bleiben sie auch haften.

A ☒ Ich fasse sehr schnell auf!

B ☐ Ich finde, man sollte das Leben nehmen, wie es ist, und versuchen, so gut wie möglich über alle Runden zu kommen.

A ☒ Ich stimme SARTRES Aussage »*Der Mensch ist, was er aus sich macht*« voll zu. Man muß sein Leben in die Hand nehmen, sonst fahren zu viele Züge ohne einen ab.

B ☐ Schicksal ist etwas, was ich nicht lenken kann. Jeder muß den einen oder anderen Schicksalsschlag oder Mißerfolg einstecken.

A ☒ Schicksal ist, was *ich* aus meinem Leben mache und wie ich meine Talente und Fähigkeiten, die das »Schicksal« mir gab, nütze und fördere.

B ☐ Wenn man mich oder meine Meinung angreift, stört mich das nicht. Hauptsache, ich weiß, was ich will und warum. →

A ☒ Wenn man mich oder meine Meinung angreift, versuche ich zunächst, dem anderen klarzumachen, worum es mir geht. Dabei hebe ich auch mal die Stimme, wenn mich etwas wirklich angeht und bewegt.

B ☐ Manche Leute sagen mir eine mangelnde Aggressivität nach.

A ☒ Manchmal wirkt meine normale Dynamik zu aggressiv auf einige Leute.

B ☒ Ich unterbreche andere nie oder selten. Schließlich muß ich erst hören, was der andere zu sagen hat; außerdem bleibt mir dann mehr Zeit zum Überlegen.

A ☐ Wenn ich genau weiß, worauf der andere abzielt, unterbreche ich schon: Damit sparen wir beide schließlich unnütze Worte, Zeit und Energien!

B ☐ Wenn ich einmal sagen kann: »Ich habe ein angenehmes, ruhiges und harmonisches Leben gelebt«, werde ich zufrieden sein.

A ☒ Wenn ich einmal sagen kann: »Ich habe das Beste aus jeder Situation gemacht und meine Talente und Fähigkeiten optimal eingesetzt sowie meine mir gesteckten hohen Ziele weitgehend erreicht«, werde ich zufrieden sein.

Zählen Sie nun *die Anzahl* der A- bzw. B-Aussagen:

Ich habe ....3........ A-Aussagen und ....2........ B-Aussagen angekreuzt. Tragen Sie das Ergebnis auf Seite 67 ein.

Test Nr. 5: Tag- oder Nachtmensch*

Beantworten Sie alle Fragen schnell und spontan!

	ja	nein
1. Sind Sie in Ihrer Stimmung stark wetterabhängig?	120	561
2. Freuen Sie sich jeden Morgen auf das Frühstück?	070	901
3. Können Sie bei Licht schlecht einschlafen?	531	800
4. Gehen Sie gerne aus?	000	871
5. Erzählen oder hören Sie gerne Witze?	320	111
6. Arbeiten Sie oft abends?	210	321
7. Duschen Sie gerne kalt?	070	561
8. Haben Sie häufig unruhige Träume?	111	500
9. Gehen Sie im Urlaub immer wieder gerne in den gleichen Ort und das gleiche Hotel?	451	300
10. Lesen Sie abends im Bett?	000	111
11. Haben Sie in den letzten 12 Monaten mal Sonnenaufgänge im Freien erlebt?	431	760
12. Lieben Sie die Natur, und lieben Sie vor allem auch Tiere?	111	550
13. Wandern Sie gerne?	981	000
14. Sehen Sie im Fernsehen auch die Spätausgabe der Tagesschau?	111	450

Wenn Sie alle Fragen angekreuzt haben, zählen Sie Ihre Punkte zusammen. Beachten Sie lediglich den Wert der letzten Ziffer, wenn also »210« dasteht, dann gilt die Null, also hat diese Frage keinen Punkt, steht da aber »981«, dann haben Sie einen Punkt. Jede Frage hat nur einen oder keinen Punkt.
Tragen Sie die Punktezahl bitte wieder auf Seite 67 ein.

---

* Dieser Test wurde mit freundlicher Genehmigung des Pressebüros Gerhart Grüninger, Leonberg 7 bei Stuttgart, von der Zeitschrift »Bild und Funk« übernommen.

Test Nr. 6: Streß-Thermometer*

Beantworten Sie die Fragen so spontan wie möglich!

1. Fällt es Ihnen schwer, andere zu bitten, etwas für Sie zu tun?
   - a) ☐ immer   1234
   - b) ☐ meistens   4529
   - c) ☐ manchmal   5704
   - d) ☒ selten   8301
   - e) ☐ nie   2109

2. Denken Sie während der Freizeit an Probleme Ihrer Arbeit?
   - a) ☐ sehr oft   4651
   - b) ☒ oft   5843
   - c) ☐ manchmal   8429
   - d) ☐ selten   9207
   - e) ☐ nie   7401

3. Zuckt es Ihnen in den Fingern, wenn Sie andere etwas tun sehen, was Sie selbst viel besser könnten?
   - a) ☐ immer   5953
   - b) ☒ häufig   9345
   - c) ☐ manchmal   9234
   - d) ☐ selten   7310
   - e) ☐ nie   0609

4. Nehmen Sie sich unangenehme Dinge sehr lange zu Herzen?
   - a) ☐ immer   9150
   - b) ☒ meistens   0645
   - c) ☐ manchmal   3327
   - d) ☐ selten   9401
   - e) ☐ nie   7300

---

* Dieser Test wurde mit freundlicher Genehmigung des Jahreszeiten-Verlags, Hamburg, der Zeitschrift »Petra« entnommen.

5. Wieviel Zeit bleibt Ihnen an einem Arbeitstag fürs Nichtstun (fürs Träumen, Spazierengehen oder Alleinsein)?

   a) ☐ mehr als 3 Stunden   8309
   b) ☐ 2 bis 3 Stunden   6300
   c) ☐ 1 bis 2 Stunden   9001
   d) ☒ weniger als 1 Stunde   8726
   e) ☐ keine   1840

6. Fällt es Ihnen schwer, sich zurückzuhalten, wenn Ihr Gesprächspartner Ihnen zu langsam spricht?

   a) ☐ immer   8345
   b) ☐ häufig   9336
   c) ☒ manchmal   6320
   d) ☐ selten   0519
   e) ☐ nie   9401

7. Was tun Sie, wenn vor Ihnen ein Auto für Sie zu langsam fährt und keine Möglichkeit zum Überholen gegeben ist?

   a) ☐ wütend schimpfen   0947
   b) ☐ hupen   3733
   c) ☒ auf dem Lenkrad trommeln   0821
   d) ☐ das Radio anstellen   9310
   e) ☐ gelassen hinterherfahren   8703

8. Ist es wahr, daß man Sie immer in Eile trifft?

   a) ☐ ja, immer   8450
   b) ☒ häufig   7341
   c) ☐ manchmal   0815
   d) ☐ selten   9808
   e) ☐ nie   0201

9. Fällt es Ihnen schwer, von Speisen, die Sie gern mögen, nicht mehr zu essen, als Sie eigentlich sollten?

   a) ☐ ja, immer   6439
   b) ☐ häufig   4920
   c) ☒ manchmal   9201
   d) ☐ selten   0505
   e) ☐ nie   8209

10. Erledigen Sie gewöhnlich mehrere Dinge gleichzeitig (z. B.
Essen, Fernsehen, Zeitunglesen)?

    a) ☐ immer   3751
    b) ☒ meistens   9240
    c) ☐ manchmal   8333
    d) ☐ selten   9810
    e) ☐ nie   9005

11. Kommt es bei Ihnen vor, daß Ihre Gedanken abschweifen,
wenn Ihnen jemand etwas erzählt?

    a) ☐ immer   5555
    b) ☐ häufig   8248
    c) ☒ manchmal   2022
    d) ☐ selten   9701
    e) ☐ nie   6209

12. Haben Sie den Eindruck, daß Ihnen die Menschen nur un-
interessantes Zeug erzählen?

    a) ☐ immer   4950
    b) ☐ häufig   7341
    c) ☐ manchmal   8410
    d) ☒ selten   7301
    e) ☐ nie   5504

13. Werden Sie unruhig, wenn Sie Schlange stehen müssen?

    a) ☐ immer   5940
    b) ☐ meistens   3339
    c) ☐ häufig   8721
    d) ☒ selten   0210
    e) ☐ nie   1001

14. Geben Sie anderen Leuten gern Ratschläge oder Tips, wenn
sie sich's einfacher machen können?

    a) ☐ ja, bei jeder Gelegenheit   3945
    b) ☐ ja, häufig   0234
    c) ☐ mitunter   9410
    d) ☒ selten   4304
    e) ☐ nie   1001

15. Fällt es Ihnen schwer, sich zu entscheiden?
   a) ☐ ja, immer   8745
   b) ☐ ja, meistens   8330
   c) ☐ ja, häufig   2221
   d) ☒ nur selten   9014
   e) ☐ nie   5407

16. Wie würden Sie Ihre eigene Sprechweise beschreiben?
   a) ☐ sehr schnell   8231
   b) ☐ schnell   0329
   c) ☒ gemäßigt   9301
   d) ☐ ruhig   1007
   e) ☐ bedächtig   9508

Schätzen Sie sich zum Schluß auf folgenden Skalen ein. Sie haben die Möglichkeit, zwischen fünf Ausprägungsgraden zwischen zwei Gegensätzen zu unterscheiden. (Wenn Sie sich z. B. für »rückhaltlos offen« halten, kreuzen Sie 1 an. Für »ziemlich offen« die 2, für »völlig verschlossen« die 5, und analog.)

17.
OFFEN   1 2 3 4 5   VERSCHLOSSEN
   1) ☐   9401
   2) ☒   7002
   3) ☐   5400
   4) ☐   6712
   5) ☐   6739

18.
BESCHEIDEN   1 2 3 4 5   ANSPRUCHSVOLL
   1) ☐   9401
   2) ☐   7005
   3) ☒   0201
   4) ☐   8721
   5) ☐   8230

19.

PHLEGMATISCH	1	2	3	4	5	EHRGEIZIG

1) ☐   9401
2) ☐   6009
3) ☐   8301
4) ☒   3421
5) ☐   9031

20.

SELBSTLOS	1	2	3	4	5	EGOZENTRISCH

1) ☐   9401
2) ☐   6003
3) ☒   0509
4) ☐   7824
5) ☐   3931

Um Ihren Punktewert zu ermitteln, achten Sie jeweils auf die dritte Ziffer, also z. B. bei »9401« auf die Null oder bei »7824« auf die 2. Jede Frage kann zwischen null und fünf Punkte wert sein. Tragen Sie Ihr Ergebnis dann bitte auf Seite 67 ein.

● *Auswertungen aller Streß-Tests im Anhang A, S. 129 ff.*

Kapitel 7
Distreß dosieren

Distreß durch angestaute Energien

Zu Anfang dieses Buches wiesen wir darauf hin, daß das »Dazwischenfunken des Reptiliengehirns« einen Distreß-Faktor darstellt. Wenn nämlich eine Situation unser »Reptiliengehirn« veranlaßt, auf Kampf oder Flucht umzuschalten, weil wir uns gefährdet, bedroht oder angegriffen fühlen, dann *wäre die einzige gesunde Reaktion,* auch tatsächlich zu kämpfen oder zu fliehen. Nur so können die durch die OR (s. Kap. 1) ausgelösten Kampf-Hormone wieder aus dem System ausgeschieden werden. Diese Extra-Energien (s. Kap. 5) nämlich hat der Organismus uns zur Verfügung gestellt, um mit der die innere Sicherheit bedrohenden Situation fertig zu werden. Können diese Energien nicht verbraucht werden, weil wir als zivilisierte Bürger unseren Chef weder anschreien noch offen bekämpfen dürfen oder weil wir es nicht wagen dürfen, dem Lehrer, der uns ängstigt, zu entfliehen etc., dann stauen sich in uns Distreß-Energien.

Nun müssen diese Hormone aber in irgendeiner Form verbraucht werden, da der Organismus sie nicht alle wieder abbauen kann. Diese Energien wirken, wenn sie *nicht* abreagiert werden können, als reines *Gift,* d. h., sie wenden sich gegen den eigenen Organismus und greifen diesen an seiner jeweiligen Schwachstelle an. Diese Schwachstelle wiederum ist uns genetisch vorgegeben; beim einen ist es der Magen, beim nächsten der Darm, beim dritten die Galle, beim vierten das Herz etc. Daher müssen diese Energien unbedingt ab-reagiert werden, *ehe sie den Körper vergiften können!* Hierzu bieten sich verschiedene Wege an:

1. Sofortiges Ab-reagieren

Wo immer möglich ist dies die beste Reaktion. Hauen Sie ruhig
mal mit der Faust auf den Tisch. Erheben Sie ruhig mal Ihre
Stimme. Schimpfen Sie in der Privatsphäre Ihres Wagens ruhig
laut auf einen anderen Verkehrsteilnehmer (es ist dies vernünf-
tiger, als die Kampfenergien, ausgelöst durch gefährliches Fahr-
verhalten anderer, ins Gaspedal zu leiten!). Heben Sie ruhig
mal die Stimme, wenn Sie sich ärgern, oder weinen Sie ruhig
mal vor Zorn oder bei starker Frustration. All dies leitet diese
Energien ab, so daß der Organismus nicht an innerer Vergiftung
leidet, es ist eine brauchbare Methode, um der »Innenwelt-Verschmutzung« entgegenzuwirken.

Wenn solche Reaktionen jedoch nicht möglich sind, weil die
Person, die uns angreift oder verärgert, ein Vorgesetzter ist oder
weil es sich um einen Mitarbeiter handelt, den man nicht jedes
Mal anschreien kann, oder weil der andere der Kunde ist...
oder weil man sich vorgenommen hatte, den Familienfrieden
heute auf keinen Fall zu gefährden (auch wenn der Sohn oder
die Tochter einen aufregen)... In solchen Fällen greifen Sie zu
einer der unten angeführten Maßnahmen.

2. Indirekter Kampf

Eine gefährliche Verschiebung wäre das aggressive Bearbeiten
der Autopedale beim Autofahren. Ein sinnvolles und nützliches
Abreagieren von Aggressionen stellen gewisse Miniübungen dar.
Wir gehen hier von dem Prinzip aus, daß Kampf- oder Flucht-
Hormone am besten durch *muskuläre* Betätigung ab-reagiert
werden können, denn dafür sind sie ja vorgesehen! Muskuläre
Betätigung besteht beim direkten Kampf (*den anderen* bekämpfen), aber auch beim indirekten. Wenn Sie mit der Faust auf
den Tisch schlagen, mit dem Fuß aufstampfen oder die Stimme
erheben, haben Sie Ihre Arm-, Bein- oder Kehlkopfmuskeln
betätigt (siehe oben). Ist dies nicht möglich, können Sie durch
unauffällige Muskelanspannungen ab-reagiert werden, z. B. indem Sie die Hände ballen (unter dem Tisch oder in der Hosen-
oder Manteltasche), die Zähne zusammenbeißen oder durch

regelmäßige Muskelarbeiten (*isometrische* Übungen). Wenn Sie sich z. B. mit beiden Händen an den Stuhlkanten festhalten und Ihren Körper auf den Sitz herunterziehen, während Sie sich *gleichzeitig* mit den Füßen fest vom Boden abdrücken, dann wird sehr viel Energie verbraucht, obwohl niemand bemerkt, daß Sie Kampf-Energien »kampflos« abreagieren. Sie merken direkt, wie Sie dabei ruhiger werden. Oder: Wenn Sie Ihre Hände im Schoß flach aneinanderlegen und gleichzeitig mit beiden Händen Druck ausüben, erreichen Sie dasselbe. Sie können auch Ihre Füße unter dem Tisch fest aneinanderdrücken, um den ab-leitenden, erleichternden, ent-giftenden und beruhigenden Effekt des Ab-reagierens von Kampfenergien zu erleben.

3. Ausleben der Gefühle

In vielen Situationen stauen sich Kampf-Energien auf, weil der Betroffene gar nicht weiß, daß er gewisse starke Gefühle erlebt, weshalb er das Er-leben derselben unbewußt blockiert. Gefühle aber »verbrennen« Energien, genauso wie jeder Gedanke – nur, daß ein Gefühl einen höheren »Brennwert« hat als ein Gedanke. Deswegen sind Sie nach einem anstrengenden Horrorfilm oder dem Betrachten eines spannenden Fußballspiels müde. Ob Sie Freude oder Ärger empfunden haben, ist rein *energiemäßig* betrachtet gleich. Nur die Intensität des Gefühles (bzw. die Intensität der Gefühle) zählt hier. Je intensiver Sie empfinden, desto mehr Energie kostet es, nur daß lustbetonte Gefühle Eustreß bedeuten, unlustbetonte hingegen Distreß (s. Stimulierung der Lust- und Unlustareale im Gehirn [Teil I]). Wenn nun ein Mensch schon früh gelernt hat, seine Gefühle nicht zu zeigen, sich zu beherrschen, Disziplin zu beweisen etc., dann werden seine Gefühle mehr und mehr ins Unterbewußtsein verschoben, d. h., daß er sie *bewußt* nicht mehr erlebt, weil er sie nicht mehr bewußt empfinden, sprich: ausleben darf. Das führt zu gefährlichen Stauungen der Energien, die beim Ausleben der Gefühle ab-reagiert worden wären. Außerdem führt es zu einer unrealistischen Weltanschauung, so daß man seine Mitmenschen häufig in einem völlig falschen Lichte sieht, da unsere Einstellung zur Umwelt ja von den uns beherrschenden Gefühlen mit-geprägt wird.*

Ein »gut dressierter« (= programmierter) Vater, dem man durch Lernprozesse verboten hatte, Gefühle des Schmerzes auszuleben und zu zeigen, hatte seinen Teenager-Sohn ebenso programmiert, mit Erfolg. Resultat: Jedes Mal, wenn die beiden aneinander vorbeiredeten, wenn einer den anderen nicht verstand, vermeinten *beide*, Gefühle des *Ärgers* zu empfinden. In Wirklichkeit aber tat es ihnen *weh*, sich unverstanden zu wissen bzw. die »Wand« zwischen sich zu erahnen. Erst als sie die Übungen (Gefühlsinventur) machten, auf die wir noch eingehen, lernten sie ihre wirklichen Gefühle kennen. Beide sagten: »Ich will ihm doch *nicht weh* tun!« Damit war eine neue, ehrlichere Basis für die Kommunikation geschaffen worden.**

Die Erfahrung hat gezeigt, daß ein Kennenlernen der eigenen (wahren) Gefühle einen starken Antistreßfaktor darstellt. Da es für den einzelnen jedoch (fast) unmöglich ist, auf Anhieb zu sagen: »Ich empfinde jetzt das oder das Gefühl«, da auch zu jedem Zeitpunkt mehrere Gefühle gleichzeitig vorherrschen können, empfiehlt sich folgendes Vorgehen: Fotokopieren Sie die Seite 87 f. mit der Inventur der Gefühle, und nehmen Sie sich ab und zu einen solchen Bogen vor. Lesen Sie die einzelnen Gefühle aufmerksam durch, und kreuzen Sie die für Sie derzeit zutreffenden Gefühle an. Mit einiger Übung werden Sie Ihre Gefühle immer deutlicher *erkennen*. Lernen Sie als nächstes, Ihre Gefühle auch bewußt zu erleben. Das ist nach dem Erkennen nicht mehr schwierig, weil die Aktion des Erkennens die Gefühle ja vom Unterbewußtsein ins Bewußtsein »transportiert« hat.

---

* Auch hierfür ist ein *physiologischer* Mechanismus zuständig, den wir jedoch im Rahmen dieser Arbeit nicht besprechen können.

** Dieses Beispiel findet sich in meinem Buch (15) »Kommunikationstraining«, Goldmann RATGEBER 10559, wo die Gefühlsinventur (siehe unten) *auch für Gespräche mit anderen* erklärt wird.

Warum ist das Er-leben eigener Gefühle ein Antistreßfaktor?

- Weil ausgelebte Gefühle die für das Gefühl bereitgestellten Energien verbrauchen. Also wird eine unbemerkte »Gift-Ansammlung« vermieden.
- Weil ein Erkennen der eigenen Gefühle eine realistische Einschätzung der Situation oder des Gegenübers erlaubt, so daß weniger Fehlverhalten oder falsche Entscheidungen Ihrerseits daraus resultieren, die sonst weitere Distreß-Momente ausgelöst hätten.
- Weil die innere Sicherheit in dem Maß zunimmt, in dem man sich selber kennt. Je besser Sie Ihre Gefühle also erkennen können, desto besser kennen Sie sich selbst.
- Weil ein Erleben der eigenen Gefühle mehr Einfühlungsvermögen in andere mit sich bringt, also ein besseres Verständnis für andere, eine positivere Ausgangssituation für Verhandlungen und reibungslosere Kommunikation im privaten Bereich.

Inventur der Gefühle

Datum: _____   Anlaß: _____

☐ Neugierde
☐ Langeweile
☐ Minderwertigkeit
☐ Gefühl der Überlegenheit
☐ Furcht vor einer bestimmten Sache
☐ Ich-Stärke
☐ Erfülltsein
☐ Nicht-Erfülltsein
☐ Freude
☐ Traurigkeit
☐ Gutes Gefühl über mich (ich bin o. k.)
☐ Kein gutes Gefühl über mich (ich bin nicht o. k.)
☐ Vertrauen

☐ Schuldgefühl(e)
☐ Neid
☐ Eifersucht
☐ Schmerz, Pein
☐ Sichwohlfühlen
☐ Frustration
☐ Befriedigung
☐ Die anderen sind o. k. (= ich akzeptiere sie)
☐ Die anderen sind nicht o. k. (= ich akzeptiere sie nicht)
☐ Abscheu
☐ Zärtliche Zuneigung
☐ Verwirrung
☐ Klarheit
☐ Unzufriedenheit

☐ Selbstvertrauen	☐ Zufriedenheit
☐ Mißtrauen, Argwohn	☐ Angst
☐ Scheu, Schüchternheit	☐ Wut/Ärger
☐ Sicherheit	☐ Haß
☐ Erleichterung	☐ Antipathie
☐ Ressentiment, Zurück-	☐ Sympathie
weisung	☐ Versagen
☐ Engagiertheit	☐ Erfolg
☐ Isoliertheit	☐ Liebe
☐ Einsamkeit	Nichtaufgeführte Gefühle:
☐ Teilhaben, Gemeinschafts-	☐ _____
gefühl	☐ _____

Jetzt fühle ich mich hauptsächlich: _____
(Hier nur ein einziges Gefühl notieren, das besonders stark
ausgeprägt ist, im Augenblick.)

4. Entspannung und Meditation

Zahlreiche Experimente an großen amerikanischen Universitäts-
kliniken haben gezeigt, daß die Wirkungen der Kortikoid-Hormone durch Entspannung und Meditation tatsächlich abge-
schwächt werden können, und zwar bereits von Anfängern in
dieser Kunst. Könner waren sogar in der Lage, die Kampf- und
Flucht-Hormone durch Meditation allein vollständig abzubauen,
und zwar innerhalb von Minuten.
Die Schwierigkeit lag bisher allerdings darin, daß es dem westlichen, zivilisierten, chronisch verspannten Menschen so schwer-
zufallen schien, echte Entspannung zu erlernen. Vorreiter auf
diesem Gebiet war in Deutschland Prof. J. H. SCHULTZ, dessen
Autogenes Training auch heute noch von vielen als die einzige
Entspannungs-Methode angesehen wird. SCHULTZ ging von der
Tatsache aus, daß ein entspannter Körperteil sich *warm* und
schwer anfühlt, da ein entspannter Körperteil gut durchblutet
wird (Gefühl der Wärme) und der Muskeltonus nachläßt, so daß
das Fleisch des Körpers »schwerer« wird. Also zäumte er das
»Pferd von hinten auf«, indem er seinen Schülern nicht empfahl,

sich zu entspannen, sondern vielmehr, sich das Gefühl der Wärme und Schwere zu suggerieren.

Allerdings hatten viele Schüler am Anfang Schwierigkeiten. Gerade der Versuch, »Wärme« und »Schwere« zu suggerieren, brachte oft das Gegenteil mit sich. Deshalb wird immer empfohlen, das SCHULTZsche Autogene Training unter Aufsicht eines Arztes zu lernen, da dieser die Anfangsschwierigkeiten überwinden und »unangenehme Erfahrungen«, wie ein Kribbeln (ausgelöst durch Nachlassen von langanhaltenden Spannungen) oder einen Krampf, beheben kann.

Nun erarbeitete jedoch MOSHÉ FELDENKRAIS (42) einen Zyklus von Übungen, die von einem noch einfacheren Prinzip bezüglich der Entspannung ausgehen: Er stellte nämlich fest, daß bereits die Konzentration auf einen Körperteil dessen bessere Durchblutung bewirkt. Man braucht die Wärme und Schwere gar nicht zu suggerieren, man »denkt« sich bewußt »in den betreffenden Körperteil hinein«, und die Durchblutung verbessert sich sofort. Probieren Sie dies sogleich aus:

Schließen Sie die Augen und »denken Sie sich« in Ihre rechte Hand. Wo liegt sie auf? Wie fühlt sich das an? Können Sie sie bewußt »er-fühlen«? Sie werden feststellen, daß Ihnen dies innerhalb von weniger als einer Minute gelingen wird. FELDENKRAIS nennt dies »den Körper durchkämmen«. Darauf basieren die folgenden beiden Übungen:

Entspannung nach FELDENKRAIS (42): *Durchkämmen Sie Ihren Körper*

Legen Sie sich hin, schließen Sie die Augen, und versuchen Sie die Körperstellen zu spüren, die mit dem Boden in Berührung sind: Beachten Sie, wie Ihre Fersen auf dem Boden liegen, ob beide den Boden gleich stark drücken und ob die Stelle, mit der sie den Boden berühren, an beiden Fersen die gleiche ist; prüfen Sie auf die gleiche Weise, wie Ihre beiden Waden den Boden berühren, Ihre Kniekehlen, Ihre Hüftgelenke, die falschen Rippen, die echten Rippen und die Schulterblätter; beachten Sie, ob und wie weit die Schultern, die Ellbogen, die Handgelenke vom Boden entfernt sind.

Nach einigen Minuten solchen Beobachtens werden Sie merken, daß Sie zwischen den beiden Körperseiten, also zwischen linker und rechter Schulter, Ellbogen, Handgelenken usw., beträchtliche Unterschiede spüren. Viele werden finden, daß in dieser Lage ihre Ellbogen den Boden gar nicht berühren, sondern in der Luft sind: Ihre Arme ruhen nicht auf dem Boden, und es wird zunehmend schwierig, sie in dieser Stellung zu halten, bis das Prüfen vorüber ist.

Lassen Sie beim Durchkämmen Ihres Körpers bitte den Genital-bereich nicht aufgrund falscher Schamgefühle aus. Sie sind allein, und niemand hört Ihre Gedanken ab. Auch der Genitalbereich gehört zum Körper. Schlechte Durchblutung hier hat oft Er-regungs-, Frigiditäts- oder Errektionsprobleme zur Folge. Ein mehrmaliges »Durchdenken« der Geschlechtsorgane *täglich* hat gerade für diese Problemkreise hervorragende sexual-therapeu-tische Erfolge gezeitigt! Man kann so die Programmierungs-Effekte (»nicht daran denken dürfen« löste ja die schlechte Durchblutung aus!) tatsächlich rückgängig machen (siehe auch Übungszyklus sowie »Angst vor Versagen« in Kap. 8).

Zusatzübung: Unterkiefer-Entspannung

Gerade hier arbeiten unbewußte Muskelanspannungen ständig daran, den Unterkiefer *nach oben zu drücken,* so daß der Mund geschlossen ist. Dessen sind wir uns so wenig bewußt, daß wir uns einbilden, ein geschlossener Mund sei ein entspannter Mund. FELDENKRAIS sagt hierzu:

> Wie kommt es, daß ein so wichtiger Körperteil wie der Unterkiefer ständig obengehalten wird von Muskeln, die, solange wir wach sind, ununterbrochen arbeiten, ohne daß wir doch auch nur im geringsten spürten, daß wir etwas tun, um den Kiefer oben zu halten? Um ihn fallen zu lassen, muß einer sogar lernen, die betreffenden Muskeln zu hemmen. Versucht einer, seinen Unterkiefer soweit zu entspannen, daß er durchs eigene Gewicht fällt und den Mund ganz öffnet, so wird er sich wundern, wie schwierig das ist. Gelingt es ihm schließlich, so wird er Veränderungen in seinem Gesichtsaus-druck und an seinen Augen bemerken. Wahrscheinlich wird ihm nachträglich auch auffallen, daß er seinen Unterkiefer gewöhnlich nach oben preßt bzw. seinen Mund zu fest geschlossen hält.

*Entspannungs-Meditation**

Bitte beantworten Sie die folgenden Fragen:
1. Meditation dient vorwiegend dem Nachdenken über sich und die Welt   ja/nein
2. Meditation ist eine überwiegend geistige Tätigkeit mit dem Ziel, gewisse Dinge besser zu verstehen   ja/nein
3. Meditation braucht Muße – man muß viel Zeit haben, um sinnvoll meditieren zu können   ja/nein
4. Es gibt Menschen, die in ihrem Leben noch nie meditiert haben, weder bewußt noch unbewußt   ja/nein
5. Das Erlernen von Meditationsmethoden wird nur durch anstrengende, zeitraubende Prozesse möglich   ja/nein

Wie viele der Fragen haben Sie mit ja beantwortet? Eine? Alle? Wenn Sie davon ausgehen, daß Meditation nur in buddhistische Zen-Klöster bzw. in die Hände von Yogi-Gurus gehört, dann werden Sie alle Fragen mit ja beantworten müssen.

Wir aber gehen davon aus, daß –
● Meditation durchaus *praxisbezogen* sein kann bzw. dem täglichen Leben eines Westeuropäers große Dienste leisten kann,
● Meditation ein überwiegend *körperlicher Entspannungsprozeß* ist,
● bereits *2 bis 3 Minuten* pro Tag eine sehr positive Wirkung für den im Streß stehenden Menschen haben und daß
● jeder Mensch diese Basis-Meditation innerhalb von Minuten erlernen kann, weil *jeder* Mensch täglich häufig *unbewußt meditiert!*

Was heißt das? Um diese Behauptungen zu verstehen, muß man gewisse Dinge über Anspannung und Entspannung des menschlichen Körpers bzw. Geistes wissen. So wie gewisse Entspannungsmethoden (wie z. B. verschiedene Formen des autogenen Trainings) zunächst einmal den Körper entspannen (Muskel-

---

* © WRS-Verlag, München, 1975. Mit freundlicher Genehmigung des Verlages hier nachgedruckt.

tonus läßt nach, d. h. Spannungen lösen sich), so dient die Meditation in erster Linie der geistigen Entspannung.

Die Tatsache, daß große körperliche Entspannung im allgemeinen mit einer geistigen Entspannung einhergeht bzw. daß geistige Entspannung ohne ein gewisses Nachlassen muskulärer Spannung nicht möglich ist, machen wir uns hierbei zunutze.

Außerdem nutzen wir noch eine andere Tatsache aus: Wir wissen heute, daß das Gehirn gewisse Wellen »ausstrahlt«, die in Hertz-Frequenzen gemessen werden können. Die für unsere Erörterung wichtigsten Hirnwellen heißen *Alpha-Wellen*. Sie treten nämlich überwiegend bei Entspannung (körperlicher und geistiger Art) auf. Wir wissen weiter, daß Übende beim autogenen Training bzw. bei gewissen Meditations-Methoden (z. B. T. M. = Transzendentale Meditation) (s. auch Lit.-Verz. Nr. 17 und 21) mehr Alpha-Wellen aufweisen. Und last not least wissen wir, daß jeder Mensch zu drei weiteren Zeitpunkten immer Alpha-Wellen »sendet«:

1. Während gewisser Schlaf-Phasen (aber nicht die ganze Schlaf-Zeit hindurch)

2. Wenn er mit den Augen blinzelt (wir blinzeln viele Male pro Minute. Je müder jemand wird, desto häufiger blinzelt er, bis ihm die Augen am Ende zufallen . . .)

3. Wenn jemand vor sich hinstarrt, ohne etwas zu sehen. Deswegen sollte man dann nicht mit den Fingern schnippen, um den anderen »herauszuholen«, man nimmt ihm dabei für einige Sekunden Alpha-Wellen, die der Körper erzwungen hat, weil er sie braucht!

● Wenn wir blinzeln, erlauben wir unserem Organismus eine Mini-Entspannung, ohne die wir nicht 16, 20 oder gar mehr Stunden hindurch wach bleiben könnten. Experimente, bei denen die Augenlider offengehalten wurden, so daß die Testperson nicht blinken konnte, zeigten
   – wachsende Ratlosigkeit und Nervosität
   – starke Gereiztheit oder Wut
     (beides »Reptiliengehirn«-Reaktionen auf die Gefährdung des Wohlbefindens hin)

- Tagträume oder leeres Starren und zuletzt
- Einschlafen trotz offener Lider.

(Das »Reptiliengehirn« erzwingt die lebensnotwendige Rast.)

● Wenn wir den »leeren Blick« bekommen, heißt das, daß unser Körper sich eine Mini-Pause erzwingt. Wir können in solchen Momenten überhaupt keinen klaren Gedanken fassen, weil der Organismus kurz »abschaltet«. Fragen Sie einmal jemanden, der ins Leere gestarrt hat: »Was hast du jetzt gedacht?« – Er wird es nicht wissen bzw. er wird wissen, daß er nichts gedacht hat.

Diese beiden Tatsachen zeigen, daß bereits solche Kleinstpausen dem Organismus helfen; d. h.: Wenn man täglich bzw. bei Bedarf 2 bis 3 Minuten lang bewußt meditiert, bedeutet diese Pause für den Körper eine echte Erholung. Rechnen Sie ruhig mal nach, wie viele Augen-Blinzel-Momente in diese Zeitspanne hineinpassen. Dazu geben wir Ihnen die Anzahl der Blinzel-Momente extra nicht an: Wenn Sie einmal darauf achten bzw. bei 3 Personen je 1 Minute lang mit der Stoppuhr mitzählen, lernen Sie wesentlich mehr dabei.

Wenn Sie jetzt mit uns einig sind, daß eine solche Kurz-Meditation von echtem Entspannungs-Nutzen ist, machen Sie mit, wenn das Wie der Entspannung erläutert wird.

Ausnutzen des starren Blickes

Bilden Sie ein »Dach« mit beiden Zeigefingern, und falten Sie diese im Abstand von ca. 30 cm vor Ihrem Gesicht. Starren Sie darauf! Dann ziehen Sie langsam beide Hände auseinander, bis Sie den »starren Blick« erreicht haben. Nun legen Sie Ihre Hände bequem auf den Tisch oder in den Schoß und versuchen nichts anderes, als den »starren Blick« solange wie möglich zu erhalten. Das Interessante an dieser Übung ist folgende Tatsache: Nur solange man nichts Konkretes denkt, kann man das. Also ist dies eine echte Denk-Pause und führt den Laien sehr schnell in die (sekundenlange) Kunst, nichts zu denken, ein, die für tiefergehende Meditation unerläßlich wird.

Kurzerholung

Wenn Sie mit dem »starren Blick« beginnen und dann die Augen schließen und so noch einige Augenblicke verharren, haben Sie sich eine echte Erholung verschafft. Während dieser Zeit können Sie Ihren Körper durchkämmen oder die folgende Bewußtseinserweiterung machen.

Hier und Jetzt

Wissen Sie, daß es vielen Menschen sehr schwerfällt, ihre Energien auf das Hier und Jetzt zusammenzuziehen? Deshalb entwickelte F. Perls die folgende Übung, mit deren Hilfe Sie selbst testen können, inwieweit es *Ihnen* gelingt, sich zehn Minuten lang weder auf die Vergangenheit noch auf die Zukunft zu konzentrieren, sondern ohne Pause im Hier und Jetzt zu bleiben:
Nehmen Sie Bleistift und Papier und versuchen Sie, zehn Minuten lang einen Satz nach dem anderen niederzuschreiben, wobei jeder Satz mit dem Wort »hier« bzw. »jetzt« beginnen muß. Es darf dabei keine Pause entstehen. Wenn Ihnen gerade nichts einfällt, schreiben Sie ruhig: »Jetzt fällt mir gerade nichts ein«, aber unterbrechen Sie den Schreibfluß nicht, um nachzudenken. Bei dieser Übung nimmt man eine Inventur vor, d. h., man hält fest, was man sieht, hört, fühlt, riecht, schmeckt oder denkt.

Beispiel

Jetzt beginne ich die Übung.
Jetzt schreibe ich.
Jetzt höre ich ein Auto auf der Straße vorbeifahren.
Jetzt sehe ich das Papier bewußt.
Jetzt fühle ich den Stift in meiner Hand.
Jetzt summt eine Fliege durchs Zimmer.
Jetzt fällt mir nichts ein.
Jetzt fällt mir nichts ein.
Jetzt verspüre ich Ärger.
Jetzt frage ich mich, warum ich Ärger verspüre. Wahrscheinlich, weil ich die Übung blöd finde. Ich frage mich, was das letzten

Endes bringen wird. Ich bemühe mich immer, den Sinn von etwas zu sehen, das ich tue. Andererseits habe ich mir fest vorgenommen, die Übung richtig zu machen. Und was ich mir vorgenommen habe, führe ich im allgemeinen auch immer aus . . .
Sie sehen, daß der Schreiber am Ende »abgerutscht« ist. Statt
sich auf die *Inventur* und die Beobachtung des Hier und Jetzt zu
beschränken, ist er in Spekulationen über seine Persönlichkeit
abgeglitten. Er hält fest, wie er sich allgemein verhält. Er stellt
fest, daß er sich vorgenommen hatte (Vergangenheit!), die Übung
richtig zu machen.
Das ist typisch für erste Übungen dieser Art. Genauso typisch wie
es ist, während einer Verhandlung an das Abendessen heute
nacht zu denken. Oder, *daß* einem bei der Arbeit einfällt, *daß*
man heute noch an Tante Emma schreiben muß, wegen des Miet-
vertrages für sie. Und ähnliches.
Merke: Je besser Sie diese Übung beherrschen, desto leichter
fällt es Ihnen bei jeder wichtigen Tätigkeit, Ihre Energien zusammenzuziehen, so daß Ihnen die Arbeit leichter und besser
von der Hand geht!

Es kann durchaus sein, daß Ihnen am Anfang folgendes passiert:
1. Sie langweilen sich nach drei Minuten.
2. Sie stellen fest, daß Sie immer wieder in die Vergangenheit
   oder Zukunft abgleiten.
3. Sie stellen fest, daß Gefühle des Ärgers in Ihnen hochsteigen.
4. Sie wollen die Übung abbrechen.

Je stärker diese Widerstände sind, desto nötiger haben Sie die
Übung. Denn nur, was schwerfällt, wird Widerstände erwecken.

Bio-Feedback

Wenn man lernen will, sich zu entspannen, hat man oft die
Schwierigkeit zu überwinden, daß man durch jahrelange (unbewußt ständig anhaltende) Anspannung den Zustand der Entspannung nicht ohne weiteres erreichen kann. Solche Menschen
können jetzt von neuesten Methoden des Bio-Feedback profitie-
ren. Bio-Feedback-Geräte zeigen körperliche Vorgänge an und

erlauben so dem Übenden, die Rückkopplung bei sich herzustellen; und zwar entweder als sichtbares Signal (ein Zeiger an einer Skala) oder als hörbares Signal (ein Summton).

Vor einigen Jahren bereits lernten Tausende von Managern und Hausfrauen in den USA, durch solche Geräte ihren Blutdruck zu senken. Ein Gerät, das den Blutdruck mißt, gibt laufend einen Ton ab. Je lauter der Ton, desto höher der Druck. Also konzentriert sich der Übende nicht auf Entspannung, nicht auf den Blutdruck, sondern nur auf den Ton. Er *wünscht* ihn leiser. Diese Methoden sind so leicht zu erlernen, daß auch Ratten es lernen konnten, den leiseren Ton »herbeizuwünschen«, nachdem sie merkten, daß Futter nur bei leisen Tönen in den Käfig fiel. Diese Experimente zeigten zweierlei:

1. daß das vegetative Nervensystem auch bewußt gesteuert werden kann, was bis dato für unmöglich gehalten wurde,
2. daß dieser Lernprozeß weder große Intelligenz noch verbales Denken voraussetzt.

Ein weiteres Bio-Feedback-Gerät mißt Gehirnwellen und sendet ein Rückkoppelungssignal. So kann man z. B. lernen, Alpha-Wellen zu »produzieren«. Da Alpha-Wellen jedoch immer mit Entspannung einhergehen, hat man so gelernt, sich zu entspannen. Allerdings werden zur Zeit auf dem deutschen Markt noch keine Anlagen angeboten, die handlich und billig genug für den Normalverbraucher wären. Außerdem gibt es eine weitere, billigere und einfachere Methode, die sich heute praktisch jeder leisten kann:

Galvanische Haut-Reaktion-Messung

Die Haut ist das größte Organ des Menschen, nicht nur eine Hülle des Körpers! Jedes Organ hat spezifische Funktionen, die das Überleben gewährleisten sollen; auch die Haut, die man sogar als »Spiegel der Seele *und* des physiologischen Wohlbefindens« bezeichnen kann, weil sie mehr Anhaltspunkte für das Befinden des einzelnen gibt als jedes andere Organ unseres Körpers. Man spricht sogar von einer *Sprache der Haut,* wobei man sich allerdings auch darüber klar ist, daß wir diese Sprache bislang nur lückenhaft verstehen, wiewohl wir sie bereits seit Ende des letzten Jahrhunderts erforschen (21).

Was die Haut jedoch schon heute verständlich für uns ausdrückt, sind Distreß-Signale, bzw. Wut-, Angst-, Scham- oder Schuldgefühle, da diese mit ORs einhergehen und jede OR in der Haut spezifische Reaktionen auslöst. Da es den Rahmen dieses Buches sprengen würde, diese zum Teil sehr komplizierten Reaktionen zu erklären, sei hier besonders auf Lit.-Verz.-Nummern 6, 23, 28, 36, 61, 62, 75, 89, 97, 122 hingewiesen.

Um eine ständige Aufzählung negativer Distreß-Gefühle zu vermeiden, können wir sagen, daß die Gefühle von Hemmungen, Unsicherheit, Nervosität oder Angst stellvertretend für alle Distreß-Wahrnehmungen stehen können. Diese können wir kurz mit dem Kunstwort HUNA (das aus den Anfangsbuchstaben gebildet wurde) bezeichnen.

HUNA ist bei Kampf- oder Fluchtreaktionen immer anwesend, signalisiert also immer *Distreß*. Wann immer HUNA empfunden wird, reagiert die Haut, die sich unter anderem durch eine elektrische Leitfähigkeit auszeichnet, damit, daß der Hautwiderstand absinkt, das heißt, daß *mehr* Strom durch die Meßelektroden geleitet werden kann, was das Signal eines Haut-Bio-Feedback-Gerätes verändern muß. Diese Reaktion heißt galvanische Hautreaktion und wird meistens mit den Anfangsbuchstaben der englischen Bezeichnung abgekürzt: GSR (galvanic skin reaction). Auf diesem Prinzip basiert schon seit Jahrzehnten der Lügendetektor (der allerdings »belogen« werden kann, wenn man weiß, wie man das macht, weshalb er noch immer nicht bei amerikanischen Gerichten zugelassen ist).

Von den verschiedenen Geräten auf dem deutschen Markt haben wir Versuche mit dem *Somatron-Gerät* gemacht*, da dieses Gerät trotz des niedrigen Preises sowohl ein Sicht-Signal (visuellen Feedback) als auch einen Summton (auditiven Feedback) abgibt.

---

* *Somatron* Biofeedback GmbH, Postfach 3264, 7500 Karlsruhe 1. (Wir geben den Hersteller an, weil wir für andere, uns unbekannte Geräte nicht garantieren können, daß sie die hier beschriebenen Funktionen auch erfüllen.)

Das hat den großen Vorteil, daß man bei Entspannungsübungen die Augen schließen kann. Man befestigt die beiden Elektroden-Manschetten einfach am Ring- und Mittelfinger einer Hand und konzentriert sich darauf, den Ton leiser werden zu lassen. Je leiser das Signal, desto entspannter ist man. Diese Methode ist besonders den chronisch Verkrampften zu empfehlen, da das Signal sofortige Kontrolle und Bestätigung (= Belohnung) bietet, was den Lerneffekt durch diese Erfolgserlebnisse verstärkt und festigt.

Außerdem kann man dieses Gerät auch zur besseren Erforschung der eigenen Psyche verwenden, da man bei gewissen Problemkreisen die Gefühlsstärke der Reaktion empirisch messen kann. Anleitungen hierzu sowie eine Kassette liegen dem Gerät bei.

Distreß durch Energien-Vergeudung

Wie Sie Kap. 5 entnehmen konnten, wehrt sich der Organismus, wenn zu viele Energien abgezapft werden, da dies die biologische Homöostase und damit das Überleben gefährdet. Der Mensch der Urzeit lief nur dann Gefahr, zu viele Energien zu verbrauchen, wenn sein Überleben zu häufig gefährdet wurde. Der Mensch der Neuzeit hat jedoch auch andere Ziele, deren Gefährdung ihn auf E-Energien umschalten läßt. Zum Beispiel: Das Erreichen von persönlichen Zielen, die Erfolg bringen sollen (vgl. MASLOW IV, Kap. 3), scheint gefährdet. Sofort schaltet das »Reptiliengehirn« auf Kampf oder Flucht. Passiert dies zu häufig in der täglichen Routine (vielleicht, weil man den Wettbewerb eines Widersachers fürchtet oder weil man meint, gewisse Leute wollten einen daran hindern, seine Ziele durchzusetzen, oder weil man zu oft vom Chef angeschrien wird etc.), dann muß der Körper dieses Umschalten zwangsläufig bald aus dem Reserve-Tank (s. Kap. 5) »finanzieren«. Dies aber heißt, daß er mehr Energien für das tägliche Leben benötigt, als der Körper ihm zur Verfügung stellen kann. Diesen Raubbau mit seinen Energien wird er bald in Form von Müdigkeit und Schlappheit oder Unlust bezahlen. Wenn er diese ersten Streß-Symptome nicht beachtet (s. Streß-Tests Nr. 1 und 2), dann werden schlimmere Schäden auftauchen.

Je mehr Energien man jedoch durch vernünftiges Verplanen einspart, desto mehr hat man für solche energieverbrauchende Situationen (s. o.) übrig, ohne notwendigerweise gleich aus dem Reserve-Tank schöpfen zu müssen. Dies erscheint mir ein realistischeres Vorgehen als Ratschläge wie: »Dann müssen Sie halt die Firma wechseln« (außer in einer kleinen Anzahl von Extrem-Situationen). Außerdem kann die Hausfrau, die täglich mit überdurchschnittlich vielen Ärger- oder Angstsituationen fertig werden muß, die »Firma« ja auch nicht so leicht wechseln . . .

Es gibt prinzipiell zwei Möglichkeiten der realistischen Energien-Einsparung:

1. Man geht ganz allgemein sparsam mit Energien um, so daß man für Krisensituationen mehr zur Verfügung hat (allgemeines Haushalten).
2. Man analysiert häufig auftauchende Krisensituationen, um durch Verständnis gewisser Tat- oder Ursachen weniger Distreß zu erfahren (Krisensituations-Analyse).

1. Allgemeines Haushalten

Wir verbrauchen in vielen Situationen einfach deswegen zu viele Energien, weil wir uns noch nie bewußt Gedanken gemacht haben, was uns die eine oder andere alltägliche Situation wirklich »kostet«.

Herr Müller zum Beispiel meint, er müsse alle Entscheidungen seines Lebens höchstpersönlich selber treffen. Das verursacht zum einen viel Ärger, weil seine Frau den Speiseplan lieber selbst aufstellen würde und weil seine Mitarbeiter ihm durch sein selbstherrliches Verhalten viel Mißbehagen entgegenbringen. Zweitens zwingt ihn sein Lebensstil, sich über vieles zu informieren, damit er die Entscheidung treffen kann. Neulich brachte er z. B. seinen Anzug in die Reinigung, und das Mädchen fragte: »Reinigung oder Kleiderbad?« Diese Entscheidung hätte er Fachleuten (der Angestellten oder seiner Frau) überlassen sollen, anstatt sich minutenlang über den Unterschied »aufklären zu lassen«, damit er dann, wie immer, die bestmögliche Entscheidung treffen konnte.

Herr Meier ist Ober. Er lernte seinen Beruf vor vielen Jahren. Damals war alles neu, und er mußte sich auf viele Einzelheiten wie Gerichte, Preise und die Kunst des Vorlegens konzentrieren. Aber heute sollte er seinen alltäglichen Arbeitsgang vielleicht einmal kritisch überprüfen. Dann würde er vielleicht feststellen, wie oft er »leer« zur Theke läuft und dort ein Getränk abholt, um einen Moment später dieselbe Strecke mit den leeren Gläsern eines anderen Tisches zu bewältigen. Viele Routinearbeiten beinhalten viel Leerlauf: Damals, als man sie lernte, konzentrierte man sich auf andere Aspekte, heute sind sie *Routine* geworden. Routine aber bedeutet: Gewohnheit. Vom Unterbewußtsein gesteuert, nicht von der Intelligenz des einzelnen.

Herr Neumann entschloß sich, die Firma und damit den Wohnort zu wechseln. Dies kostete viel Energie (s. Punktetabelle, Streß-Test Nr. 3, S. 72 f.), bis die Gewöhnung an das Neue bewältigt werden konnte. Also sollte er versuchen, nicht allzuviel weiteres Neues in sein tägliches Leben zu bringen, während er sich an einen neuen Arbeitsplatz (neue Kollegen, neue »Geographie« in der Firma, neue Vorgesetzte, andere Arbeitsweisen etc.) und an die neue Wohnung in der neuen Umgebung gewöhnen muß. Warum also *ausgerechnet jetzt* ein neues Fahrzeug kaufen? Vielleicht könnte man diesen Wechsel um einige Monate verlegen, damit sein Organismus nicht nur noch mit Neuem zu kämpfen hat?

Nehmen Sie die Punktetabelle als Ausgangspunkt, und überlegen Sie alle paar Monate einmal, ob Sie sich nicht mit zu vielen Veränderungen gleichzeitig herumplagen. Jede einzelne Gewohnheits-Veränderung kostet Sie mindestens sechs Wochen lang *täglich* Energien, die Sie allein für diese Umgewöhnung ausgeben müssen!

Bei chronischen Situationen, die viele Punkte kosten (z. B. Eheprobleme), ist die Krisensituationsanalyse besser geeignet.

2. Krisensituationsanalyse

Jede Krisensituation kostet Kraft. Was aber ist eine Krisensituation?

Als Krisensituation gilt jede Situation, in der das »Reptiliengehirn« eine Ausschüttung von Kampf-Hormonen auslöst, was akuten Distreß bedeutet. Zu beobachten sind folgende Reaktionen:

Angst/Verunsicherung
Ärger/Aggression
Ironie/Zynismus
direkte oder indirekte Flucht

Wenn Sie eine Situation in Ihrem täglichen Leben kennen, die in Ihnen oder Ihrem Partner (Kind, Familienmitglied, Freund) ständig oben aufgeführte Reaktionen auslöst, so haben Sie eine Krisensituation aufgespürt, in der die Aktivitäten des »Reptiliengehirns« sinnvolles Planen des »Denkhirns« stark beeinträchtigen bzw. sogar unmöglich machen. Deswegen sagt man dann Dinge, die man eigentlich nie hatte sagen wollen. Oder man reagiert mit einer Heftigkeit, die in keinem Verhältnis zur Situation steht.

Diese Situationen kann man *nie verbessern, solange man sich vornimmt, es »das nächste Mal« besser zu machen!* Denn das nächste Mal reagiert ja wieder Ihr »Reptiliengehirn« mit Kampf- oder Fluchtreaktionen, ehe Ihr »Denkhirn« diesen Prozeß stoppen kann.

Hier hilft nur eine ruhige Analyse zu Zeiten, in denen man sich eben nicht in der Situation befindet. Zeiten, in denen das »Denkhirn« die Situation überblicken und überdenken kann. Zeiten, in denen der *Homo sapiens* dieses Problem angeht, nicht der primitive *Urmensch,* der in unser aller Brust mit-wohnt!

Da sehr viele chronische Familien- oder Partnerprobleme auf frustrierenden Sexual- und Zärtlichkeitserlebnissen basieren (s. auch Anhang B: Frustration), haben wir dieser Thematik einen großen Abschnitt in Kapitel 8 gewidmet. Für Partnerschafts-Probleme anderer Art gibt es keine »Patentrezepte«, aber ein paar Hilfestellungen zur Analyse:

Wenn Sie nicht mehr weiterkommen, weil Sie sich immer wieder in denselben Gedankengängen oder Argumenten verfangen, bitten Sie doch einen unbeteiligten »Dritten«, einen Freund, Ihnen bei der Problembesprechung zu helfen. Seine Aufgabe ist die eines Moderators, d. h., er mischt sich persönlich nicht ein. Er sorgt lediglich dafür, daß beide Parteien zu Wort kommen, daß nicht einer sich »totschweigt«, während der andere ihn »überrennt«, und daß Fragen des einen Partners an den anderen auch wirklich beantwortet werden!

Wenn Sie keinen Außenstehenden zu Hilfe nehmen wollen (oder können), dann versuchen Sie doch die Brief-Methode: Jeder »Gegner« setzt sich hin und schreibt den anderen »feindseligen« Parteien einen offenen Brief. Hier legt er klar und präzise dar, was ihn stört, und warum. GRUNDREGEL: Dieser Brief ist unbedingt mit einem positiven Gedanken zu beenden. Wenn der Schreiber nicht zumindest einen positiven Faktor am anderen entdecken kann, ist die Zeit für etwaige Problem-Lösungen vorbei! Außerdem hilft dieser positive Gedanke (vielleicht sind es auch mehrere?!) dem Partner, klar zu sehen, daß man zwar ein großes Problem hat, ihn aber nach wie vor noch akzeptiert oder liebt, so daß die Ausgangsbasis für ein klärendes Gespräch wesentlich besser und rationaler ist (weil das Denkhirn wieder arbeiten kann)!

Am Abend liest jeder »seinen« Brief, spricht aber mit dem Schreiber auf keinen Fall darüber. Erst am nächsten Tag, wenn man eine Nacht darüber geschlafen hat, darf das Gespräch eröffnet werden. (Bei solchen Gesprächen ist das Gefühlsrad besonders nützlich [Lit.-Verz.-Nr. 15, S. 150])

Wenn Sie allein an einem Problem »kauen«, das keine weitere Person betrifft (z. B. wichtige Entscheidungen), listen Sie auf einem Papier oben (quer) alle Kriterien, die Sie mit-bedenken wollen, während Sie am Rande links (nach unten) die einzelnen Entscheidungsmöglichkeiten notieren. Dann prüfen Sie jede Möglichkeit genau, so daß Sie jeweils einen kleinen, abgeschlossenen Gedankengang zu bewältigen haben und nicht dem Gesamtproblem in seiner verwirrenden Vielfalt gegenüberstehen. Außerdem hilft das schriftliche Formulieren bereits ungemein, wenn es dar-

*um geht, das Problem erst einmal präzise zu formulieren. Oft
stellt sich beim Schreiben heraus, daß sich die Problemdefinition
einige Male verändert, bis man dem eigentlichen Problem auf
die Spur kommt.*

*Schließlich können Sie auch fremden Rat einholen, ohne jedoch
die Situation im einzelnen erklären zu müssen. Erzählen Sie einfach einigen Personen (die Sie nicht einmal gut zu kennen brauchen, z. B. Bar- oder Zugbekanntschaften), Sie hätten einmal
einen Film gesehen, in dem das und das Problem so und so behandelt worden sei. Sie selbst hätten sich eine andere Lösung
gewünscht. Und warten Sie dann ab. Häufig formuliert der andere, der ja nicht durch Ihre Ängste blockiert wird, eine ver-
blüffend einfache und praktikable Lösung, auf die man allein
nie gekommen wäre ...*

Sie sehen also, es gibt viele Möglichkeiten zur Analyse. Häufig
hilft bereits das Verständnis (z. B. wenn man einsieht, daß die
Herumschreierei eines Chefs auf dessen Defizit an innerer Sicherheit zurückzuführen ist [s. Kap. 3]), sich in Zukunft nicht mehr
zu ärgern, sondern vielleicht sogar ein wenig Mitleid für ihn zu
empfinden. Häufig aber hilft auch die Analyse, einen Weg zu
finden, der dann aus dem Dilemma heraushilft. Zumindest aber
konkretisiert das Durchdenken die Zusammenhänge und wirkt
damit dem Gefühl, »ohnmächtig gefangen zu sein«, entgegen!
Dies jedenfalls ist Homo-sapiens-Verhalten.

Kapitel 8
Eustreß suchen

Eustreß bedeutet, daß die Lustareale im limbischen System (s. Kap. 2 u. 3) erregt werden. Diese erzeugen in uns angenehme positive Gefühle von leichter Zufriedenheit über intensive Freude bis hin zur Ekstase.

Wiewohl auch Eustreß-Momente Energien kosten, sind sie lebensnotwendig und geben uns sogar das Gefühl blühender Vitalität, ausgesprochenen Wohlbefindens und innerer Zufriedenheit. Daher darf ein gezieltes Anti-Streß-Programm sich nicht nur darauf beschränken, Distreß-Energien zu dosieren, sondern es muß sich darum bemühen, uns gezielt und bewußt Eustreß-Momente zu verschaffen. Nur so können Sie das Prinzip »Freude *trotz* Streß« in das bessere Prinzip »Freude *durch* Streß« umwandeln.

Es gibt vier Wege, die man gehen kann, um dieses Ziel zu erreichen:

1. Eustreß-Tätigkeiten ausführen;
2. Eustreß im Familienleben suchen;
3. Eustreß durch Erfolgserlebnisse ableiten;
4. Eustreß durch Zärtlichkeit und Erotik erleben.

1. Eustreß-Tätigkeiten

Auf Seite 33 stellten Sie bereits eine kleine Liste mit Eustreß-Tätigkeiten auf. Denken Sie in dieser Richtung weiter. Gibt es gewisse Tätigkeiten am Arbeitsplatz, die Sie lieber als andere ausführen? Könnte man nicht täglich die unangenehmen zuerst erledigen und den Tag mit den angenehmen beenden (soweit es sich um Tätigkeiten handelt, die Sie selbst einplanen können)? Somit würden Sie sich selbst für die unangenehmen Arbeiten mit einer netten Tätigkeit »belohnen«. Oder: Welche Ihrer Hobbys und Interessen sind schon seit langem »flachgefallen«, weil Sie einfach nicht mehr dazu gekommen sind?

Ein Bekannter von mir starrte neulich auf einige meiner Zeichnungen an der Wand, um dann festzustellen, daß er selbst vor lauter Streß nicht mehr dazu komme, den Pinsel oder die Tuschfeder zur Hand zu nehmen. Die weitere Diskussion ergab jedoch, daß er trotz des täglichen »Streß« doch noch auf rund 500 bis 600 Stunden Fernsehen im Jahr kommt (eine niedrige Zahl, manche Leute bringen es mit Leichtigkeit auf über 1500!). Wir stellten fest, daß nur das Auslassen einer einzigen Sendung pro Woche ihm Zeit zum kreativen Gestalten ließe. Diese Zeit wäre jedoch aktiv Eustreß und Glück bringend ausgefüllt, und somit viel gescheiter angelegt.

Haben nicht auch Sie Interessen, denen zuliebe Sie vielleicht auf einige Stunden »Glotzophon« verzichten würden . . .?

2. Familien-Eustreß

Wann haben Sie das letzte Mal ein anregendes, spannendes oder wirklich offenes (belebendes!) Gespräch mit Ihren Familienangehörigen geführt? Wann zum letzten Mal ein Spiel zusammen gespielt? Wann den letzten gemeinsamen Spaziergang unternommen? (Und wann das letzte Mal gemeinsam ferngesehen?!)

Gemeinsame, verbindende Erlebnisse sind eine Quelle von Eustreß und halten darüber hinaus die Familie zusammen, helfen etwaige Probleme besser zu lösen und verhindern so eine große Menge an Distreß-Situationen!

Vielleicht könnte man nur *einen* Film im Fernsehen sehen, diesen aber hinterher *gemeinsam diskutieren?* Vielleicht könnte man mal die alten Spiele abstauben? Oder sich etwas Neues ausdenken? Vielleicht sogar Lernspiele, in denen »Schwarzer Peter« o. ä. mit Karten gespielt werden, auf denen Vokabeln oder Chemie-Formeln stehen? Diese Art von Hilfe wäre dem sog. »Helfen« vieler Eltern vorzuziehen!

Wie wäre es, alle Familienmitglieder in die Streichelmassage (s. S. 110) einzuführen? Programmieren Sie Ihre Kinder gleich auf mehr Zärtlichkeit (s. Kap. 4), und helfen Sie sich selbst dabei!

Oder machen Sie andere Übungen aus dem FELDENKRAIS-Buch (42) gemeinsam. So helfen Sie allen und geraten nicht so leicht in Gefahr, wieder aufzugeben, wenn Sie heute mal »keine Lust« haben ...

3. Eustreß durch Erfolgserlebnisse

Es ist bekannt, daß eine kleine Schicht über mehr als 80 % aller Besitztümer verfügt. Und daß ein Großteil der Menschheit an den meisten Dingen im Leben *vorbei-vegetiert!*
Der Erfolglose ist meist nicht deshalb ein Versager, weil er vergeblich versucht hat, zu Erfolg zu gelangen, und gescheitert ist, sondern weil er es überhaupt nicht versucht hat!
Die meisten Leute, die es zu nichts bringen, bringen es deshalb zu nichts, weil sie *nichts Bestimmtes* angestrebt haben!
Erfolg kommt nicht von ungefähr (14). Erfolg muß gezielt angegangen werden (sonst ist es Zufall, Glück oder was immer, jedenfalls nicht »Erfolg«)!
Könnten Sie auf Anhieb einige Situationen nennen, die geeignet wären, *Ihnen* ein Erfolgserlebnis zu verschaffen? Nein? Dann dürfen Sie sich aber auch nicht beklagen, daß es immer die »anderen« sind, die es schaffen!
Suchen Sie sich einige Ziele, die es lohnt anzugehen. Angefangen vielleicht mit diesem Anti-Streß-Programm, dessen Bewältigung Ihnen einen gewaltigen Erfolg bescheren würde. Oder mit dem Wiederaufnehmen eines alten Hobbys? Oder mit dem gezielten Angehen gewisser beruflicher Erfolge? Oder mit irgend etwas, was Sie *gerne* tun würden; denn das vergrößert die Chancen, es erfolgreich zu tun, stark! Vielleicht wollten Sie schon immer mal Ihr Englisch auffrischen? Oder ein Theaterstück für die Kinder der Nachbarschaft schreiben? Oder den tropfenden Wasserhahn reparieren, waren aber zu *beschäftigt* (faul?), sich ein Handbuch für solche Arbeiten zuzulegen ... Oder wäre es nicht ein schöner Erfolg, Ihrer Frau einmal wieder einen richtig netten Abend zu schenken (es muß ja nicht Muttertag oder Weihnachten sein!). Oder Sie lesen »ihm« heute abend jeden Wunsch von den Augen

ab. Auch *er* möchte mal besonders verwöhnt werden. Dies alles sind Erfolgserlebnisse im wahrsten Sinn. Es muß keine Himalaja-Besteigung sein, man kann ruhig mit dem Hügel vor der eigenen Haustür beginnen!

Haben Sie Anregungen gefunden? Sind Assoziationen zu eigenen Ideen ausgelöst worden? Dann nehmen Sie einen Stift zur Hand, und tragen Sie alles hier ein, ehe Sie weiterlesen, damit Sie sie nicht wieder vergessen können:

Erfolgserlebnisse für mich/uns:

_____

_____

_____

_____

_____

_____

_____

4. Eustreß durch Zärtlichkeit, Erotik und Sexualität

Wenn nicht so viele Menschen gerade in diesem Punkt total »daneben-programmiert« wären, würde es genügen zu sagen: »Gehet hin und liebet euch!« Aber so einfach ist es leider nicht.

Dieser Abschnitt ist denjenigen gewidmet, die beim Lesen des 4. Kapitels bemerken mußten, daß auch sie in diesem Bereich nicht (mehr) frei und freudig reagieren können. Denn gerade auf diesem Gebiet sind falsche Programme mit einem eminent hohen Distreß-Wert so üblich, daß ich einige gezielte Neu-Programmierungs-Hilfen geben möchte.

Ob nun schmerzhafte Erfahrungen der Vergangenheit oder andere Lernprozesse (z. B. ständige Wiederholungen schädlicher Nachrichten) für die Bildung bevorzugter Nervenbahnen verantwortlich waren, ist für die tägliche Praxis von keiner Bedeutung. Die Wirkung ist immer dieselbe:

Zärtlichkeit/Erotik → Unlustareale

- schlechte Durchblutung der Haut, mit der man fühlen sollte (bes. Geschlechtsorgane)
- flacher, unregelmäßiger Atem mit dadurch bedingter verminderter Sauerstoffversorgung
- Ausschüttung von Kampf-Hormonen, welche den Sexualhormonen entgegenwirken
- dadurch ausgelöst: muskuläre Verspannungen und Verkrampfungen.

Wenn aber nun einmal die Rinde (das »Denkhirn«) die Wichtigkeit einer Neu-Programmierung eingesehen hat, kann man tatsächlich lernen, *neue* bevorzugte Nervenbahnen (24) zu bilden und damit den Teufelskreis erst zu durchbrechen, später ganz aufzuheben!

Zärtlichkeit/Erotik → Lustareale

Da aber alte Programme auf Lern-Erfahrungen beruhten, müssen wir Situationen schaffen, in denen wir neue Erfahrungen machen können, die dann die alten überlagern und schließlich aufheben. Also müssen wir uns einer Art von *Training* unterziehen. Zu diesem Zweck wurde der folgende Übungs-Zyklus geschaffen. Sollten sich beim Üben *Widerstände* zeigen, so ist dies ein absoluter Beweis dafür, daß alte Programme durch das »Reptiliengehirn« geschützt werden sollen. D. h. also, daß die einzelnen Übungen so lange durchlaufen werden müssen, bis alle Widerstände aufhören! Widerstände äußern sich z. B. in:

- Langeweile/Unlust (beachten Sie die Wortbildung!)
- Ärger
- Wut/Zorn/Aggression
- Angst/Beklemmung

Dies sind alles Symptome von Kampf- oder Fluchtverhalten, ausgelöst durch den Hirnstamm nach uralten Mustern!

Übungszyklus

1. Entspannung

Zunächst müssen Sie lernen, sich auf Wunsch zu entspannen, um später den Verspannungen bei erotischen oder zärtlichen Erlebnissen *gezielt entgegenwirken* zu können. Übung Nr. 1 besteht aus der FELDENKRAIS-*Entspannung* (s. S. 89 f.), wenn Sie diese noch nicht gemacht haben. Erst wenn Sie diese gut beherrschen, gehen Sie zur nächsten Übung über.

2. Hier und Jetzt

Wie Sie an dem Fallbeispiel »Karola und Werner« (s. S. 53 ff.) gesehen haben, war gerade die Tatsache, daß beide sich *total im Hier und Jetzt* befanden, für die intensiven Glücksgefühle beider ausschlaggebend. Also machen Sie diese Übung (s. S. 89 f.), bis Sie sie beherrschen. Zunächst mit Bleistift und Papier oder auf ein Tonband gesprochen, damit Sie jeden Lapsus aufspüren können. Später genügt eine gedankliche, innere Verbalisierung. Diese Übung kann man hervorragend machen, wenn man irgendwo warten muß. Es ist dies eine angenehme Möglichkeit, die Wartezeit kreativ auszunutzen, sich dabei zu verbessern und Distreß-Energien (durch Ungeduld) einzusparen!

3. Duschen

Das mag Ihnen seltsam erscheinen, aber lernen Sie, *einmal* täglich *bewußt* zu duschen. Bleiben Sie total im Hier und Jetzt dabei. *Fühlen* Sie den Wasserstrahl auf Ihrer Haut! *Hören* Sie das

Wasser rinnen, und *spüren* Sie Ihre Hand bewußt, die Ihren Körper einseift. Benützen Sie beim Einseifen übrigens keinen Waschlappen, höchstens nach der Seife einen Massagehandschuh, den Sie natürlich auch ganz bewußt *fühlen* sollen. Bauen Sie Elemente der FELDENKRAIS-Übung mit ein: »Wandern Sie *in* Ihre Hand«, dann in den Körperteil, den diese gerade berührt. Lernen Sie Ihren gesamten Körper wieder zu sensibilisieren. Sie konnten das einmal als Kind; aber das ist für die meisten zivilisierten Menschen ja viel zu lange her! *Gewinnen Sie diese Fähigkeit zurück;* das Duschen ist eine ausgezeichnete Hilfe dafür! Wenn Sie es dann noch mit einem kurzen Schuß kalten Wassers beenden, haben Sie gleichzeitig etwas für Ihren Kreislauf getan. Ihr Wohlbefinden hinterher wird es Ihnen beweisen!

4. Streichel-Massage

Diese Übung wird in Kap. 9 (s. S. 123) beschrieben. Machen Sie sie zunächst allein, damit Sie sich darin üben können, das Streicheln bewußt zu fühlen. Hier verbinden Sie die Wirkung der ersten beiden Übungen, indem Sie gleichzeitig das Streicheln und das Gestreichelt-Werden er-fühlen, wobei Sie total im Hier und Jetzt bleiben. Auf diese Weise bauen Sie neue Programme auf, neue Nervenbahnen, die vom Streicheln direkt zu den Lustarealen führen. Diesen Lernprozeß brauchen Sie, um später auch das Gestreichelt-Werden von einem Partner akzeptieren zu lernen.

5. Sensibilisierung der Hand

Um den Partner bewußt streicheln zu können, sollten Sie folgende Vor-Übung machen: Sammeln Sie einige Gegenstände von unterschiedlicher Oberflächenbeschaffenheit um sich herum, und setzen oder legen Sie sich entspannt hin. Nun ergreifen Sie einzelne Stücke mit geschlossenen Augen und er-fühlen sie bewußt. Lernen Sie »die Hand zu sein« *(ZEN)*, legen Sie jede Unze Ihrer Konzentration in ihre Hand, und bleiben Sie total im Hier und Jetzt dabei.

6. Sensibilisierung des Körpers

Wiederholen Sie die Übung Nr. 5, jedoch im unbekleideten Zustand auf dem Bett liegend. Alternieren Sie zwischen dem

- Ertasten des Gegenstandes und dem
- Erfühlen der Haut, die den Gegenstand berührt.

Lassen Sie anschließend Ihr Bewußtsein in verschiedene Körperteile wandern, und berühren Sie diese dann mit dem Gegenstand. Erfühlen Sie bewußt, wie es sich anfühlt, wenn die Oberfläche einer Orange, einer glatten Illustriertenseite, eines Stückes Holz oder eines Stück Fells etc. Ihre Haut berührt. Spüren Sie zwischendurch bewußt den Druck Ihres Rückens gegen das Laken, und bleiben Sie total im »Hier und Jetzt« dabei.
Wenn Sie sich »komisch« vorkommen oder das Ganze gar »albern« finden, dann beweisen Sie damit nur, daß Sie bezüglich dieser Situation Widerstände besitzen. *Widerstände sind jedoch da, um überwunden zu werden* (ein Programm in unserer Familie!). Wenn Sie sexuelle Probleme haben, dann doch nur, weil Sie die Sensibilisierung des eigenen Körpers nicht voll ausleben konnten. Denn: Alle negativen Programme bezüglich Zärtlichkeit und Erotik müssen zwangsweise die eigene Sinnlichkeit verbieten bzw. »schlechtmachen«.

Wenn Sie alle sechs Übungen allein ausführen können, wird es Zeit, diese Übungen mit einem Partner anzugehen. Im günstigsten Fall hat auch der Partner den Zyklus schon durchgearbeitet. Wenn Sie (häufig zu Unrecht) annehmen, daß nur einer der Partner Probleme hat, kann ja erst nur der andere den Zyklus in Windeseile bewältigen, weil ihn ja dann keine Programme und demzufolge keine Widerstände hindern können. Auch »Langeweile« oder »Unlust« weisen auf Widerstände hin! Außerdem gehen wir hier von der Annahme aus, daß zwei Menschen bereit sind, miteinander, gemeinsam an dem Problem zu arbeiten. Wenn diese Basis nicht mehr gegeben ist, ist es sowieso zu spät, mit *diesem* Partner erotische Erfüllung anstreben zu wollen!

Einen speziellen Aspekt dieser Thematik stellen Ängste dar, die noch nicht im einzelnen besprochen wurden:

- Angst vor Versagen und
- Angst, sich mitzuteilen.

Keine Angst vor Versagen

Angst blockiert die Durchblutung und das freie Atmen, sie führt zu Verkrampfungen und löst die Kampf-Hormone aus, die den Sexualhormonen entgegenwirken. Diese Reaktionen gilt es erfolgreich einzudämmen. Wir nehmen jetzt die Angst vor dem Versagen beim Koitus als Beispiel. Ob es sich dabei um vorzeitigen Samenerguß handelt, um Frigidität, um Schmerzen beim Verkehr oder um die Unfähigkeit, eine Erektion zu bekommen, ist letzten Endes in der Wirkung gleichwertig. Wir setzen allerdings voraus, daß eine medizinische Untersuchung gezeigt hat, daß es keinen *organischen* Grund für das »Versagen« gibt.

Wenn der Partner einen Menschen hat, der gewillt ist, ihm zu helfen, empfiehlt sich eine Variation des folgenden Schemas:

Anti-Angst-Programm

1. Woche

Man nimmt sich vor, sich gegenseitig zu streicheln und zu berühren, aber es auf keinen Fall zum Koitus kommen zu lassen. Hierzu zieht man gewisse Grenzen (z. B. oberhalb der Gürtellinie), die dann für beide Partner verbindlich gelten. Nur so kann die Angst vor dem Koitus, der laut Spielregel ja nicht eintreten darf, genommen werden. *Ohne diese Angst aber kann der Partner wieder lernen, die Berührungen an sich als freudebringend und entspannend zu erleben. Dies ist eine wichtige Vorstufe!*

2. Woche

Berührungen am ganzen Körper sind erlaubt – mit Ausnahme der Genitalzone. Hier verstärkt sich der Effekt der ersten Woche. (Übrigens hat so ein Plan nur dann einen Sinn, wenn man jeden Tag mindestens einmal Zärtlichkeiten austauscht!)

3. Woche

Nun darf auch die Genitalzone berührt werden, es darf auch zu hoher sexueller Erregung kommen, aber zu keinem Orgasmus. Damit wird ein Erleben-Dürfen höchster Erregung »genehmigt«, da auch hier weder Angst noch Zweifel irgendeiner Art interferieren können!

4. Woche

Von einem gewissen Zeitpunkt an, den Sie bestimmen (unser Zeitplan ist ja nur ein Beispiel), dürfen Orgasmen »passieren«, aber noch immer kein Koitus. Übrigens ist der Orgasmus beim Mann nicht von einer Erektion abhängig, so daß gerade die Problematik der »fehlenden« oder »teilweisen« Erektion hier positiv beeinflußt werden kann, da ja in der Vergangenheit gerade dieses Problem (höchstwahrscheinlich) zu einem Verlust von Orgasmen geführt hat.

5. Woche

Nun kommt der Zeitpunkt, da auch der Koitus (wenn von beiden gleichermaßen gewünscht) wieder »erlaubt« ist. Allerdings versprechen sich die Partner, im Falle einer »Panne« (die am Anfang noch auftreten kann) *wieder zur letzten Phase zurückzukehren* und den nächsten Koitus erst ein paar Tage später zu versuchen.

Planen Sie Ihren ersten Koitus auf keinen Fall vorher ein, dann klappt er bestimmt nicht. Wenn es zur Vereinigung kommt, so muß dies die natürlichste Sache von der Welt sein, und zwar für beide!

P S. Viele Menschen haben negative Programme bezüglich oraler Liebe: Diese gilt als besonders schmutzig und obszön oder gar pervertiert. Man sollte vielleicht auch auf diesem Gebiet *ganz vorsichtig* experimentieren. Wie wäre es, den Partner an anderen Stellen als auf den Mund zu küssen? Ob man dabei eines Tages auch die Genitalgegend miteinbezieht, ist jedem einzelnen überlassen. Aber: Der Mund ist eine der erogensten Zonen. Er ist überaus sensibel. Irgendwie ist es meines Erachtens traurig, ihn nur während des Mund-zu-Mund-Kusses in den Genuß angenehmer Gefühle kommen zu lassen. Denn: Orale Liebe muß den Gebenden genauso erfreuen wie den Erhaltenden, sonst sollte man sie besser unterlassen.

Gegen die Angst, sich mitzuteilen

Dies ist eine Angst, unter der Männer häufiger leiden als Frauen. Irgendwie scheint es sich mit ihrem Selbst-Bild nicht zu vertragen, wenn Sie sich beim Liebes-Erleben mitteilen dürfen, sollen oder wollen. Diese fehlende Rückkoppelung für den Partner bewirkt jedoch zum einen unter Umständen, daß man Zweifel hegt, ob »es« für den anderen auch wirklich gut sei. (Und nichts tötet erotisches Erleben schneller ab als Zweifel irgendwelcher Art!) Außerdem empfinden viele Menschen es als Bruch des gemeinsamen Teilhabens, wenn ein Partner *nur schweigt.* Letztlich aber berauben »schweigende Genießer« sich eines unerhörten Erregungs-Faktors:

Die Sprache »besteht« doch aus Schwingungen, die unser Ohr treffen. Gerade zur Zeit erhöhter sinnlicher Sensibilität reagieren wir mit »feinsten Antennen« auf Schallwellen. Was den *physiologischen* Grund der Tatsache darstellt, daß es viele Menschen unerhört erregt, alle möglichen (auch sog. »schmutzige«) Worte während des Liebesspiels zu hören oder zu sprechen.

Diese Wellen können sogar unseren gesamten Körper mit-vibrieren lassen. Probieren Sie dieses Experiment:

Legen Sie sich bequem hin. Entspannen Sie sich (s. FELDENKRAIS, S. 89 f.), und legen Sie dann Ihre Lippen auf die Unterseite Ihres

Armes. (Wenn Sie das Experiment zu zweit machen wollen, legen Sie Ihre Lippen auf einen sensiblen Körperteil des Partners, z. B. Innenarm, Innenseite des Oberschenkels, in die Nähe der Achselhöhle, den Genitalbereich oder hinter das Ohr.) Dann summen Sie leise (!) mit halb geöffneten, frei-schwingenden Lippen gegen diesen Körperteil. Fühlen Sie die Wirkung, wenn der Partner dann das Experiment mit Ihnen macht.

Die Summ-Massage

Dieses Phänomen hat einen Freund und mich einmal veranlaßt, die Summ-Massage zu »erfinden«: Ein Partner (A) liegt entspannt auf dem Bett und bemüht sich, bewußt total im Hier und Jetzt zu bleiben. Der andere (B) wandert nun mit kleinen Lippen- und Summbewegungen den Körper entlang, wobei A jedoch jeden Summton von B mit einem eigenen Summton beantwortet. Diese Schwingungen werden durch die Lippen von B in dessen Körper übertragen, während die von ihm produzierten Schwingungen an der jeweils »be-summten« Stelle des Körpers von A eindringen.

Warten Sie ab, bis Sie sich einmal in einer besonders entspannten und verspielten Atmosphäre mit *Ihrem* Partner befinden, und führen Sie ihn dann langsam in die Summ-Massage ein. Das ist eine hervorragende »Übung in Partnerschaft«, deren Schlüsselworte *abenteuerliche Neugier, gemeinsames Wohlbefinden, geteilte Freude und wachsende Sinnlichkeit im erotischen Bereich* lauten.

Abschließende Worte

Es sei noch einmal an SELYES »altruistischen Egoismus« erinnert. Nur wenn Sie sich »altruistisch« voll auf den Partner konzentrieren, wird er Ihnen soviel geben, daß Sie »egoistisch« Freude erleben werden. Nur wenn Sie es vermögen, sich zu entspannen und im Hier und Jetzt zu verbleiben, werden Ihnen höchste sexuelle Erregungen und Freuden zuteil. Und nur wenn Sie ein »wahrer Homo sapiens« sind, werden Sie wirklich fähig sein, sich und Ihrem Partner das »höchste Glück hier auf Erden« zu verschaffen. Jeder »reine Egoismus«, jede Roheit und jedes Nur-für-sich-Wollen muß Distreß in die Partnerbeziehung einbringen.

Solches Verhalten ist leider viel zu häufig die *Norm* bei uns, wenn man einmal von den Leserzuschriften der Illustrierten, von den Akten der Eheberater und Psychologen sowie den Erklärungen eines jeden Hausarztes auf die Allgemeinheit schließen darf. Zumindest gibt es *zu viele Menschen,* denen man *zu wenig Gelegenheit* geboten hat, sich in eine erfüllende Zärtlichkeit und Erotik hineinzuentwickeln. Aber: Dazu ist es wirklich (meist) nicht zu spät. Wenn beide den Wunsch haben, gibt es auch einen Weg. *Einen* Weg habe ich versucht aufzuzeigen. Hoffen wir, daß der eine oder andere Leser ihn auch »begehen« wird!

Kapitel 9
Letzte Notizen und Denkanstöße

Im folgenden finden Sie einige Stichpunkte (alphabetisch geordnet), die als Denkanstöße zu weiteren Anti-Streß-Schwerpunkten gesehen werden sollten. Suchen Sie sich die für Sie gültigen heraus.

Angst

Angelernte Angst (s. Kap. 2) löst HUNA (s. S. 97) aus. HUNA aber kostet Kraft. Hier empfiehlt sich eine Umprogrammierung, wenn man häufig mit dem Objekt der eigenen Angst konfrontiert wird*, weil die Energieausgabe der Umprogrammierung eine lohnende Investition in die Zukunft darstellt. Eine Umprogrammierung empfiehlt sich allerdings *nicht,* wenn die Angstsituation nur ab und zu einmal auftaucht. Dann empfiehlt sich Fluchtverhalten, d. h., die Situation wenn möglich zu vermeiden. Zum Beispiel: Eine Frau hat panische Angst vor Spinnen. Allerdings trifft sie Spinnen in der täglichen Praxis ja relativ selten an, und wenn, dann kann sie ihren Nachbarn oder ihren Mann bitten, sie zu töten oder zu vertreiben. Wenn diese Frau nun aber in ein Gebiet ziehen muß (weil ihr Mann dort Arbeit gefunden hat), in dem es von Spinnen wimmelt – wie die Wüste nördlich von Los Angeles, in der ich ein Jahr lebte –, dann empfiehlt sich eine Umprogrammierung aufgrund der Tatsache, daß sie *täglich* mit 20 bis 30 Spinnen konfrontiert wird. Hier würde es zuviel Kraft kosten, täglich 20 bis 30mal HUNA-Gefühle zu erleben. Hier ist die einmalige Investition der Umprogrammierung (von einigen Wochen) also günstiger als das tägliche Angstverhalten.
Bei Angst vor gewissen Personen oder Situationen empfiehlt sich ein echtes Auseinandersetzen damit. Auch Sensitivitäts-

---

* Der Prozeß der Umprogrammierung wird im Detail in meinem Buch (14) »Der persönliche Erfolg«, Goldmann RATGEBER 10538, beschrieben.

gruppen können hier Hilfe bringen. Bei akuter Angst vor Personen, mit denen man zusammenlebt oder zusammenarbeitet, empfiehlt sich unter Umständen sogar eine Therapie bzw. Trennung.

Ärger

Viel Energie wird auch durch negative Gefühle vergeudet. Wenn Frau X zum Beispiel von einer Verkäuferin »dumm angeredet« wurde und sich darüber ärgert, so ist dies eine verständliche Reaktion. Wenn sie aber *Stunden später noch* aufgebracht ist, dann bedeutet dies eine *Energienverschwendung*. Durch anhaltende negative Gefühle hält sie nämlich den Kreislauf der Kortikoid-Hormone künstlich aufrecht, sammelt also viel unnötige Distreß-Energien (s. Kap. 7), die ja dann wieder ab-reagiert werden müssen und viel Kraft verbrauchen. Hier helfen Entspannung und Meditation, wenn die Vernunft allein es nicht fertigbringt (was häufig der Fall ist), sich aus diesem negativen Gefühl zu lösen.

Bewegung

Die Faustregel lautet, daß man einmal am Tage 500 Stufen (hinauf-)steigen sollte! Vielleicht schaffen wir dies nicht, aber wie wäre es, auf Rolltreppen zu *laufen* oder ein, zwei Stockwerke *am Lift vorbeizugehen?* Das, schnell gemacht, kann Sie ein wenig außer Atem bringen und damit den gesamten Kreislauf kurzzeitig und vitalisierend anregen!

Oder stellen Sie den Papierkorb *auf den Schrank (!)*, so daß Sie aufstehen und sich strecken müssen, statt sich zu bücken und Ihren krummen Rücken noch mehr zu beugen!

Denken Sie sich weitere Tips aus, so daß Sie zumindest ein ganz klein wenig Bewegung in Arbeiten bringen, die chronisch unbeweglich machen!

Duschen

Duschen hat eine höchst belebende Wirkung auf den Kreislauf, besonders, wenn man kalt (ca. 8–12° C) aufhört. Je stärker der Wasserstrahl, desto größer die (Massage-)Wirkung. (Duschen als Hilfe zur Neu-Sensibilisierung des Körpers, s. auch Kap. 8, Seite 109 f.)

Erfolg

Viele Menschen gehen dermaßen ungezielt und ungeplant an erwünschte Erfolgssituationen heran, daß sie zum Scheitern verurteilt sind. Hier kann man Distreß-Energien durch Planen einsparen und Eustreß-Energien durch Erfolg erleben:

1. Setzen Sie klare Ziele. Sagen Sie vor einer Verhandlung nicht: »Ich will heute was erreichen!« Sagen Sie nicht: »Ich will viel Geld verdienen«, oder: »Ich werde die Situation schon irgendwie schaukeln!« Formulieren Sie Ihr Ziel klar und präzise. Wenn Sie dazu nicht in der Lage sind, dann fehlen Ihnen noch Informationen! Suchen Sie diese, *ehe* Sie Ihr Ziel angehen.

2. Arbeiten Sie methodisch. Machen Sie sich Notizen, so daß Sie bei Langzeitplänen auch nach Unterbrechungen sofort wissen, wo Sie zur Zeit stehen. Erarbeiten Sie Ablauf-Schemata, so daß Sie chronologische oder organisatorische Aspekte sofort optisch überblicken können.

3. Analysieren Sie bei Versagen Ihr eigenes Verhalten. Geben Sie nicht dem »bösen Chef«, den »neidischen Kollegen« oder dem »unfähigen Mitarbeiter« die Schuld, ehe Sie nicht genau wissen, was *Sie persönlich* das nächste Mal besser machen können. So werden Sie manche Situation als persönlichen Erfolg verbuchen können.

Ernährung

Unsere modernen Nahrungsmittel sind so »gut«, daß sie nicht mehr gesund genug sind. Denn: Eine zellulosereiche Kost sorgt dafür, daß die Nahrungsreste innerhalb von ca. 18 Stunden

wieder aus dem Dickdarm ausgeschieden werden. Eine zellulose-
arme (moderne) Kost hingegen bewirkt, daß diese Rückstände
bis zu 72 Stunden und darüber im Dickdarm verbleiben. Dies
aber hat zur Folge, daß gewisse Gift- und Schlackenstoffe dem
Organismus erneuten Distreß zufügen, was wieder Energien kostet, ganz abgesehen davon, daß viele Zivilisationskrankheiten
auf diesen Umstand zurückzuführen sind. Außerdem fallen
Obstipation, Hämorrhoiden etc. auf das Konto zellulosearmer
Kost. Um diesen Mißstand auszugleichen, empfiehlt Dr. REU-
BEN*, einmal am Tag einige Eßlöffel Kleie (sowie viel Flüssig-
keit) zu sich zu nehmen.

Examen

Situationen, die besonders große innere Ruhe fordern, werden
häufig durch HUNA zu Krisensituationen. Faustregel:
1. Bereiten Sie sich sorgfältig vor.
2. Rechnen Sie sich aus, was Sie tun würden, *wenn* Sie die heutige Situation verpatzten. Machen Sie sich klar, daß auch
   dann die Welt nicht unterginge.
3. Machen Sie im Anschluß daran die FELDENKRAIS-Entspan-
   nungsübungen (S. 89 f.). Sie werden sich wundern, wieviel
   ruhiger Sie sein werden.

Gesundheit

Wenn das Erreichen Ihrer Ziele eine Gefährdung Ihrer Gesundheit mit sich bringen würde, weil Sie z. B. zu viele Über-
stunden machen müßten, dann entscheiden Sie *vorher*, ob die
Situation »es wert« ist. Lautet die Antwort »ja«, dann planen Sie eine Erholung für den Abschluß des derzeitigen Vor-
ganges ein, und achten Sie darauf, daß Sie diese Erholungspause (und sei es auch nur ein Wochenende!) auch einhalten!
Fragen Sie sich weiter, ob Sie nicht doch vielleicht *einen* täglichen Spaziergang in Ihr volles Programm einfügen können.

---

* REUBEN, D.: »Diät, die das Leben rettet (und vor Krebs, Infarkt und anderen Zivilisationskrankheiten schützt)«, München 1976.

Ob Sie die Treppen im Bürogebäude nicht doch lieber mal zu Fuß gehen, statt den Aufzug zu benutzen. Ob Sie nicht ein- oder zweimal täglich während der Arbeitszeiten schnell Ihren Körper »durchkämmen« können (s. S. 89), das geht auch im Sitzen oder im Stehen am Arbeitsplatz. Oder, ob nicht eine kurze Hier- und Jetzt-Übung (S. 109) eingelegt werden kann. Überlegen Sie, ob Sie nicht abends wirklich ausspannen kön- nen, statt sich mit drei oder vier Fernsehdarbietungen weiter zu belasten (jede Sendung bedeutet Informationsaufnahme und Verarbeitung und kostet daher Energien!).

Homo sapiens

Auch typisches Homo-sapiens-Verhalten kann eine Quelle gro- ßer Freude werden. Wir wissen ja, daß jeder Gedanke die Lust- oder Unlustareale zu stimulieren vermag (s. Kap. 3). Wenn man nun lernt, an interessanten, faszinierenden und erregenden Ge- danken Freude zu finden, wenn man sich durch die Suche nach Wissen, durch die richtigen Fragen und durch Denkprozesse Eustreß verschaffen kann, dann wird man auch in Zeiten der Einsamkeit das Konzept »*Freude durch Streß*« verwirklichen können!

Kneippen

Wechselbäder à la KNEIPP kann man auch in der eigenen Wanne machen. Außerdem genügt ein Waschbecken für Armgüsse. Dies ist besonders Menschen mit zu niedrigem Blutdruck (Hypotonie) zu empfehlen. Mehrmals täglich einige Minuten lang wäre op- timal.

Lachen

Lachen ist wirklich gesund! Es ist dies eine Tätigkeit, die erstens Distreß-Energien abreagieren hilft, zweitens kann Lachen rei- nen Eustreß bedeuten. Außerdem ist es eine hervorragende Atemübung, wenn man laut und lange lacht, weil man hinter- her ganz »erschöpft« erst einmal wieder richtig durchatmet.

Lernen

Viele Energien werden durch falsche Lernprozesse vergeudet! Lernen an und für sich erzeugt *Eustreß*, nur wird das meist durch falsche Programme verhindert (s. Kap. 2 u. 3). Hier lohnt sich also für Schüler, Lehrlinge, Studenten und Erwachsene, die ständig dazulernen müssen, eine Umprogrammierung.

Außerdem lohnt es sich, Lernvorgänge auf Routineverhalten hin zu überprüfen (s. Kap. 7). Versuchen Sie, das Lernen als eine *faszinierende Suche nach erregenden Informationseinheiten aufzufassen!* (s. Kap. 2 u. 3). Versuchen Sie, durch Lern*spiele* Spaß und *Erfolgserlebnisse* zu erarbeiten! Klopfen Sie sich für Lernerfolge ruhig selber auf die Schulter, und geben Sie sich Zeitvorgaben, in denen Sie gewisse Leistungen erreichen wollen, damit Sie Teilerfolge verbuchen können (außerdem reizt dann der Wettbewerbscharakter, da Sie ja quasi gegen die Uhr »kämpfen«).

Lesen

Formulieren Sie eine Frage aus der Überschrift eines Artikels oder Kapitels, und lesen Sie dann gezielt. Beantwortet der Autor diese Frage im Text? Wenn ja, notieren Sie die Antwort in ein, zwei eigenen Sätzen. Das spart viel Zeit und Energien.

Streichen Sie Ihre Bücher an! Auch neue Bücher sind (meist) in einigen Jahren veraltet! Benützen Sie am besten Leucht-Stifte für Hervorhebungen und ein anderes Schreibgerät für Randnotizen.

Ein Tip: Wenn Sie auf jeder Buchseite, die Sie besonders interessiert, oben am Rand *ein* Wort notieren, das im Text besprochen wird, merken Sie sich so das Wort *und* die Ausführungen des Autors besser und können Sie auch später leichter wieder eine bestimmte Stelle finden. Dies gilt besonders für Bücher *ohne* Register.

Massage

In dem Abschnitt »Bio-Feedback« (Kap. 7) wiesen wir schon auf die Haut als größtes Organ hin. In Kapitel 2 wiesen wir auf das körperliche Streichelbedürfnis hin. *Ein sanftes Streicheln ist eine hervorragende Anti-Streßmaßnahme!* Wenn man allein ist, kann man sich durch eine *Eigenmassage* helfen: Bei den Füßen beginnen und mit Hand oder Bürste leicht aufwärts bis zum Becken massieren. Dann von den Fingern zu den Schultern (immer zum Herzen hin). Für den Rücken eine Bürste mit Stiel oder einige ca. 7 cm große Holzkugeln (aufgerauhte Oberfläche) an eine Schnur knüpfen und wie ein Frottee-Handtuch über den Rücken ziehen. Den Bauch in kreisenden Bewegungen (Uhrzeigersinn) streicheln.

Zu zweit: Eine *Streichel-Massage* stellt meines Erachtens nicht unbedingt eine Einleitung zu einem sexuellen Akt dar und sollte daher auch dann gegeben werden dürfen, wenn die beiden Partner weder durch familiäre noch durch sexuelle Bindungen »verbunden« sind. Auch gute Freunde (sogar gleichen Geschlechts) können sich durch eine solche Streichelmassage gegenseitig entspannen und entkrampfen. Ein Partner liegt ruhig, während der andere, wie oben beschrieben, massiert.

Akupressur: Ähnlich der Streichel-Massage – nur darf man hier mit leichtem Druck vorgehen, statt zu streicheln (für die Streichelmassage und die Akupressur siehe besonders Lit.-Verz. Nr. 126).

Onanie

Obwohl der Onan der Bibel genaugenommen keine Selbstbefriedigung, sondern einen coitus interruptus praktizierte, nennt man die Selbstbefriedigung heute noch nach ihm. Hierbei handelt es sich um eine gute, gesunde und Eustreß fördernde Art und Weise, Distreß-Energien abzubauen (s. auch Kap. 7) und sich innere Entspannung zu verschaffen.

Reisen

Wer beruflich viel auf Reisen ist, muß sich zwangsläufig ständig mit Neuem auseinandersetzen. Jedes Hotel hat andere Zimmereinrichtungen, anderes Personal, eine andere Küche etc. Hier empfiehlt es sich (wenn man bei Test Nr. 3 auf eine hohe Punktezahl gekommen ist), entweder (wenn möglich) in einer Hotelkette abzusteigen, deren einzelne Häuser sich ähneln, oder aber einige wenige Gegenstände mitzunehmen, die man sofort im Hotelzimmer verstreut. Zum Beispiel stelle man sich sofort seinen eigenen Kassettenrekorder und ein oder zwei Bücher, die man gerade liest, auf den Nachttisch, werfe ein kleines Reisekissen sowie seinen Morgenmantel aufs Bett und breite seine kosmetischen Wundermittel im Bad aus. Hierbei können wir uns ein physiologisches Gesetz zunutze machen: Wenn der Organismus müde ist, konzentriert er sich auf *Bekanntes* und beachtet Unbekanntes weniger oder gar nicht. Also kostet dieses Vorgehen weniger Energien. (Wenn Sie keine eigenen Gegenstände im Zimmer verstreuen, kann der Organismus sich nicht auf Bekanntes konzentrieren. Sie vergeuden also Energien für die Umgewöhnung.)

Sauna

»Obwohl hier Temperaturen herrschen, die uns unter anderen Umständen in höchste Panik versetzen würden, steht sie – ähnlich wie das Schwimmen – unter den streßabbauenden und vorbeugenden Mitteln mit an oberster Stelle, und zwar fast für jeden.« So empfiehlt VESTER (129, S. 309) die Sauna.

Schlaf

Wer unter Schlaflosigkeit leidet, sollte (außer in wenigen Fällen nach ärztlicher Verordnung) *keine Schlafmittel* nehmen! Diese stören nämlich die sog. REM-Phasen des Schlafes, d. h. die Traumphasen, während der wir mit den Augen rollen (REM = Rolling Eyes Movement). Diese Phasen aber sind *lebensnotwendig*. Ein REM-Entzug bewirkt verstärkte HUNA-

Reaktionen auf Stimuli, die sonst kein HUNA auslösen würden, d. h. erhöhten Distreß an Tagen, die der Schlafmitteleinnahme folgen. Ein längerer REM-Entzug bewirkt Krankheiten, dann Tod. Also empfiehlt es sich, lieber ein paar Nächte mit wenig Schlaf auszukommen, da der Körper früher oder später wieder sein (Schlaf-)Recht fordern wird. Der Organismus holt verlorene REM auf, wenn dieses Aufholen nicht erneut durch Medikamente blockiert wird.

Schlafhilfen: Entspannung oder Meditation vor dem Einschlafen – ein Bad, dann *naß* in Bettlaken wickeln und zugedeckt ruhig liegenbleiben (man wird von allein trocken) – Zärtlichkeiten vor dem Schlafen, z. B. die Streichelmassage (s. u.) – ausgiebige körperliche Betätigung und dann sofort ins Bett.

Schreiben

Viele Gefühle des Ärgers, der Wut oder Angst kann man sich »vom Herzen schreiben«. Man setze sich hin und beginne seine Gefühle und Reaktionen einfach zu formulieren. Ob nun in Form einer Schreibübung, eines Essays oder gar einer Kurzgeschichte – immer hat sich das Schreiben als reinigender Faktor allerersten Grades bewährt. Daher kommt ja auch das heilende Konzept von »Briefen, die sie nie erreichten«: Man schreibt einer Person, die starke unangenehme Gefühle ausgelöst hat (z. B. dem Chef, einem Kollegen etc.) einen »bitterbösen« Brief, den man allerdings *nicht* abschickt. (Diese Übung ist nicht mit der Brief-Methode auf Seite 102 zu verwechseln. Hier geht es allein um das Abreagieren von Distreß-Energien, dort aber um einen Versuch ehrlicher, offener und klärender Kommunikation!)

Singen

Eine ausgezeichnete Atemübung stellt das Singen dar. Durch die erzwungene Atemtechnik scheucht es Furcht weg (es wirkt sozusagen als Gegenmittel zu den Kortikoid-Hormonen), was Armeen schon immer zu nutzen wußten. Es muß nicht immer rein, aber laut sollte es sein. Vielleicht im Auto auf dem Weg irgendwohin? Oder Ihre Version des Badewannen-Tangos?

Spazierengehen

Mindestens einmal am Tag sollte man einige Minuten lang forsch laufen und dabei tief durchatmen. (Wenn Sie nur *eine* Haltestelle weit laufen oder Ihr Auto ein wenig weiter weg parken, wäre schon ein Anfang gemacht.)

Spielen

Ohne den Spiel-Trieb könnten wir nicht lernen, uns auf andere Menschen oder auf neue Situationen einzustellen, ein guter »Verlierer« zu sein, neue Programme zu testen und vieles mehr. Spielen ist also nicht »albern«, es ist aber auch nicht »todernst« oder gar »verbissen«. (Zumindest ist es dann kein Spiel mehr!)
Zu empfehlen sind Lern-Spiele aller Arten oder Spiele, in denen man negative Programme abbaut. Man kann sie sich auch selber ausdenken. Der 5-Wochen-Plan in Kap. 8, S. 112 ff., ist genaugenommen, nichts als ein *Spiel,* um die Angst aus sexuellem Erleben zu vertreiben!

Tagträumen

erzeugt eine Selbststimulierung der Lustareale im limbischen System (s. Kap. 1), über Stimuli aus dem Denkhirn (Kortex) in Form von angenehmen Gedanken. Eine Eustreß-Tätigkeit, die nicht nur von Kindern ausgeübt werden sollte! Gerade vor dem Einschlafen helfen Vorstellungen, über geplante Zielvorstellungen, das Unterbewußtsein besser und exakter auf eben diese zu »programmieren«. Oder aber man stellt sich entspannende Dinge vor, nachdem man sich nach FELDENKRAIS (s. S. 89 f.) entspannt hat. Ein sehr angenehmer Weg in den Schlaf – und gesünder als jedes Medikament!

Temperatur

VESTER (128) empfiehlt auf Seite 93: ». . . Das Heruntersetzen der Temperaturen in unseren Wohnräumen . . . auf 19° würde neben einer gewaltigen Einsparung von Heizenergie den Kreislauf anregen, Ablagerungen abbauen (Frier Dich schlank) und gegen Infektionskrankheiten widerstandsfähiger machen.«

Urlaub

Für distreß-geplagte Menschen empfiehlt sich ein Urlaub in *bekannten* Gebieten, sonst »zahlen« sie zu viele Energien für die Umstellung (Klima, Landschaft, Essen, Lebensgewohnheiten etc.). Für Menschen, die bei den Streß-Tests besonders tief liegen, empfiehlt sich ein Urlaub, in dem man mit Neuem konfrontiert wird. Merke: Langeweile ist auch ein Distreß-Faktor, nicht nur das Überangebot an Neuem.

Verhandlungen

s. Erfolg (S. 119) und Examen (S. 120).

Weinen

Das Weinen, insbesondere das schluchzende, krampf-lösende Weinen, hat eine wichtige Distreß abbauende Funktion zu erfüllen. Deswegen ist es schlimm, daß unsere Programme es verbieten. Wenn Sie einen großen Schmerz empfinden, wenn sich alle Schulter-, Nacken- und Halsmuskeln sowie die Magengegend »verkrampfen«, dann lassen Sie *es* ruhig in einem Weinkrampf heraus. Außerdem baut das Weinen nachweislich Kampf-Hormone mit ab. Ideal wäre es, wenn anwesende Personen den Weinenden sanft in den Arm nähmen und ruhig hielten. Ist man allein, soll man ruhig einige Minuten lang hemmungslos schluchzen; man fühlt sich wirklich hinterher unsagbar erleichtert!

Zeichnen

Manchmal führt die alltägliche, distreßerfüllte Tagesroutine dazu, daß man, »blind« geworden, viele Schönheiten dieser Welt überhaupt nicht mehr wahrnehmen kann. Hier hilft Zeichnen. Dabei kommt es nicht so sehr darauf an, wie Ihr fertiges »Produkt« aussieht, sondern vielmehr geht es darum, die Welt wieder bewußt und aufnahmebereit zu *sehen*. Hierbei lernt man auch wieder, sich auf anderes zu konzentrieren, wenn man vielleicht, einer gewissen Problematik wegen, zu sehr auf ein persönliches Leiden konzentriert war!

Letzte Seite

Im Hinduismus gibt es eine Parabel, die ich besonders schön finde:
Einst schuf Brahman die Welt. Dann beobachtete er diese Welt
Jahrmillionen lang und erfreute sich an seiner Schöpfung.
Schließlich aber begann er sich zu langweilen. Deshalb dachte er
sich ein Spiel aus: Er spielte Versteck mit sich selbst. Da aber
Brahman allmächtig ist, konnte er sich so gut verstecken, daß
er Jahrtausende brauchte, um sich wiederzufinden. Dann ver-
steckte er sich erneut. Daher wissen wir heute nie, wo er sich
zur Zeit gerade befindet. Er kann in jener Vase dort sein, oder
im Baum im Garten. In der Musik, die du gerade hörst, oder in
dir, wer weiß?
Mir gefällt diese Parabel deshalb so gut, weil sie mich veranlaßt
hat, das *Schöne auch in alltäglichen Dingen* zu suchen. Könnte
doch, nach der Hindu-Legende, gerade dieses Alltägliche zur
Zeit Gottes Aufenthaltsort sein. Oder der Mensch, mit dem ich
gerade spreche. Ein Gedanke, der mich veranlaßt hat, bewußter
zu leben und bewußter danach zu streben, jeder Situation das
Positive abzugewinnen, auch einer negativen in Krisenzeiten.
Schließlich muß doch das freudige Erleben dieser unserer Welt
nicht mit dem Ende der Kindheit aufhören. Scheint denn die
Sonne heute weniger warm? Ist denn der Regen heute weniger
faszinierend geworden, oder hat sich unsere innere Einstellung
zu unserer Umwelt so sehr geändert? Vielleicht sollte man jeden
Tag doch so leben, als ob es unser letzter wäre? Vielleicht würden
wir dann mehr sehen, hören, schmecken und, nicht zuletzt, fühlen?
Lesen Sie den letzten Absatz auf Seite 9 noch einmal durch! Sind
Sie das? Wenn ja, dann wünsche ich Ihnen nicht nur viel Glück,
sondern auch viel Eustreß für Ihre Zukunft!

Bevor Sie Ihre Lektüre mit Teil III fortsetzen, sollten Sie „Die Ärger-
Inventur", S. 146 gelesen haben.

Teil III: Anhang

A. Auswertung der Streß-Tests

Zu Test Nr. 1

Weniger als drei Symptome angekreuzt

Sie sind (noch) nicht streßgeschädigt. Sie können Streßschäden noch durch Vorbeugen vermeiden. Die Gefahr liegt hier nur darin, daß Sie das »Phänomen Streß« auf die leichte Schulter nehmen und sich vielleicht nicht wirklich damit auseinandersetzen, weil es Ihnen (noch) sehr gut geht.
Beachten Sie alle anderen Streßergebnisse, vielleicht sind dort noch Daten, die schon jetzt ernst genommen werden müßten.

3 bis 6 Symptome angekreuzt

Vorsicht! Dieser Ratgeber ist nicht mehr prophylaktisch, sondern bereits ein Anti-Streßprogramm für Sie. Ein Besuch beim Arzt wäre zu empfehlen: allgemeine Überprüfung des Gesundheitszustandes.

7 oder mehr Symptome angekreuzt

Achtung! Erstens sollten Sie auf alle Fälle eine allgemeine Überprüfung des Gesundheitszustandes vornehmen lassen, und zweitens kann dieses Buch für Sie ein Vermeiden unerwünschter Streßfolgen und eine Verbesserung Ihres Gesundheitszustandes bedeuten.

Zu Test Nr. 2

Da dieser Test parallel zu Test 1 läuft, gilt hier das gleiche Auswertungsschema wie oben.

Zu Test Nr. 3

Weniger als 150 Punkte:

Gesundheitsschäden durch Streß sind kaum zu befürchten. Wahrscheinlichkeitsgrad: 37%.

150 bis 300 Punkte:

Ihre Gesundheit ist durch zuviel Streß bereits angegriffen (s. auch Tests 1 und 2). Wahrscheinlichkeitsgrad einer Erkrankung, wenn keine sofortige Erholung oder Kur stattfindet, liegt bei 51%. Auf alle Fälle den Arzt aufsuchen!

Mehr als 300 Punkte:

Achtung! Ihr Gesundheitszustand ist bereits ernstlich angegriffen (außer, Sie haben von Natur aus ein sehr hohes Energiepotential mitbekommen). Vorsicht ist besser als Nachsicht. Bitte sicherheitshalber zum Arzt! Der Wahrscheinlichkeitsgrad einer ernsthafteren Erkrankung am »schwächsten Glied« in der Kette (z. B. Herz, Magen, Kreislauf) liegt bei 80%. Sie müssen unbedingt mit Ihrem Arzt sprechen und späteren Streß sorgfältig dosieren (s. Teil II dieses Buches) – am besten in Zusammenarbeit mit Ihrem Hausarzt.

Zu Test Nr. 4

Je häufiger Sie A-Antworten angekreuzt haben, desto mehr neigen Sie dazu, »unter Streß aufzublühen«. Bei solchen Leuten besteht jedoch die nicht geringe Gefahr, den Streß als *Droge* (SELYE) zu verwenden, da die bei Streß in den Körper geleiteten Adrenaline, Nordrenaline, Kortisone etc. genauso ein *High* produzieren können wie Barbiturate, Hasch oder andere Drogen.
Außerdem müssen Sie bedenken, daß der Verschleiß bei Ihrer Lebensart zwangsläufig größer ist. Dies ist jedoch nicht unbedingt negativ.

Wenn Sie

- regelmäßig kurze Entspannungs- und Meditationsübungen machen (s. Teil II),
- jeden Tag sportlich arbeiten oder 500 Stufen steigen,
- sich bei Ihrer Lebensweise *wohlfühlen* und keine andere wünschen.

Dann haben Sie wahrscheinlich ein so hohes Energiepotential (s. Kap. 5), daß Sie diesen Modus gut verkraften können, während andere bei dieser Lebensweise zusammenbrechen würden!

Zu Test Nr. 5

0—3 Punkte:

Sie sind ein ausgesprochener Abendmensch. Sie werden erst recht spät so richtig munter. Sie könnten ohne weiteres einen Beruf ausüben, der Nachtarbeit erfordert macht.

4—7 Punkte:

Sie brauchen morgens eine verhältnismäßig lange Anlaufzeit, denn Sie sind schon ein ausgeprägter Abendmensch. Beste Zeiten: Nachmittag und Abend. Vormittags ist mit Ihnen meist nicht viel anzufangen.

8—11 Punkte:

Sie stehen zwar nicht an jedem Tag gern früh auf, aber Ihre Leistungsspitze liegt in den Vormittagsstunden. Wenn Sie sich in der Mittagspause ausruhen, sind Sie auch am Nachmittag ziemlich leistungsfähig.

12—14 Punkte:

Sie sind ein ausgesprochener Morgenmensch. Ihre Leistungsspitze erreichen Sie zwischen 8 und 13 Uhr. Erledigen Sie Wichtiges nach Möglichkeit immer vormittags.

Zu Test Nr. 6

50—75 Punkte:

Sie lassen sich von der Zeit, von der Arbeit und dem Wunsch nach Anerkennung auffressen. Sie sind in großer Gefahr. Lassen Sie Ihren Blutdruck prüfen und Ihren Cholesterinspiegel. Gehen Sie zum Arzt. Es ist höchste Zeit, Ihren Lebensstil zu ändern!

20—49 Punkte:

Sie leben gefährlich. Sie halten für Tugend, was Sie auf die Dauer zerstört. Sie müssen bedeutend ruhiger werden, die Dinge weniger ernst nehmen und lernen, sich zu entspannen. Nehmen Sie sich die Zeit zur Muße, überprüfen Sie Ihre Ziele, konzentrieren Sie sich auf das Wesentliche.

bis 19 Punkte:

Sie haben es geschafft, in dieser hektischen Welt Ruhe zu bewahren und sich nicht stören zu lassen. Versuchen Sie, anderen zu helfen, gelassen zu werden.

0 Punkte:

Sie sind ein Langweiler!

Nachtesten: Die Punktetabelle sollte man einmal pro Jahr (immer im selben Monat) durchgehen, weil Ihre jeweilige Streßdosierung (s. Teil II) davon abhängt.
Test 1 und 2 sollte man ca. alle drei Monate einmal durchgehen, damit man eine anfängliche Überbeanspruchung des Organismus *rechtzeitig* abfangen kann. Besonders sei hier auf Entspannungs- und Meditationsübungen (s. Teil II) verwiesen!

Es gibt auch einige Bücher und Toncassetten-Programme von Vera F. Birkenbihl, die in anderen Verlagen (oder Sprachen) erschienen waren, sowie einige Produkte, die im Buchhandel nicht erhältlich sind. Falls Sie Interesse haben, senden Sie uns doch bitte eine Postkarte, und verlangen Sie die Gesamt-Übersicht/Publikationen.

A-Verlag
c/o Moderne Industrie Verlags-Service
Abt. EB
Justus-von Liebig-Straße 1
8910 Landsberg/Lech

Sollten Sie hingegen an **Seminaren** interessiert sein (von denen es nur extrem wenige »offene« gibt, da ich in der Regel firmenintern schule), dann fragen Sie bitte beim mvg-Verlag nach:

mvg-Moderne Verlagsgesellschaft
Seminardienst
Nibelungenstraße 84
D-8000 München 19

B. Merkblatt: Motivation und Frustration

Wie wir aus den ersten Kapiteln dieses Buches klar ersehen konnten, bedeutet Nichtbefriedigung gewisser Bedürfnisse Distreß. Wie aber geschieht nun diese Bedürfnisbefriedigung, bzw. wo kann man ansetzen, wenn man jemanden motivieren möchte, *meine Bedürfnisse* zu befriedigen. Und: Wie reagiert der Organismus bei Frustration?

1. Bedürfnis-Befriedigung

Wenn der Organismus feststellt, daß die Homöostase bezüglich eines Bedürfnisses oder Triebes (z. B. durch Hunger) gefährdet wird, reagiert das Reptiliengehirn mit einer OR. Hiermit stellt es dem Körper *Energien* zur Verfügung, um das Ziel (= die Bedürfnis-Befriedigung) anzugehen. Diese Energien nennen wir *das Motiv* (von lat. motus = die Bewegung). Dieses Motiv nun veranlaßt, daß der Organismus sofort beginnt, sich auf sein Ziel hinzubewegen:

Wie aber erreicht er das Ziel? Über sein Verhalten.

Da es aber *kein Verhalten ohne Motiv* gibt (da ja jedem Verhalten Energien zugrunde liegen, ohne die dieses Verhalten unmöglich wäre), bedeutet dies: Was immer jemand tut, tut er, um irgendein Ziel zu erreichen, sonst hätte ihm sein Organismus die nötigen Energien nicht zur Verfügung gestellt. Also sehen wir wieder einmal sehr klar, daß *nichts ohne Grund* geschieht.

Wenn der Organismus Energien »frei« hat, kann der Mensch diese für Bedürfnisse der höheren Stufen MASLOWS (s. Kap. 3) einsetzen. Wir nannten diese Energien C- und D-Energien in Kap. 5. Sowie jedoch Basis-Bedürfnisse (MASLOW I, II und III) gefährdet werden, hat der Mensch »keine Energien frei«, um sich um STUFE-V-Bedürfnisse zu kümmern, d. h. er ist nun nicht in der Lage, wahres Homo-sapiens-Verhalten zu zeigen.

Je stärker sein Defizit, desto »dümmer« werden seine Reaktionen, desto mehr nimmt die Fähigkeit ab, rational zu denken, Fakten und Informationen zu verarbeiten, sachlich auf Fragen zu reagieren u. v. m., da das Reptiliengehirn dem Denkhirn Energien »abzieht«.

2. Motivation

Wenn jedes Verhalten darauf abzielt, ein Ziel zu erreichen, wofür der Organismus dem Menschen Energien (= das Motiv) zur Verfügung gestellt hat, dann wird es begreiflich, warum andere Menschen sich meist so hartnäckig wehren, unseren Wünschen nachzukommen, *wenn unser Wunsch mit ihren eigenen Zielvorstellungen nicht vereinbar ist!*

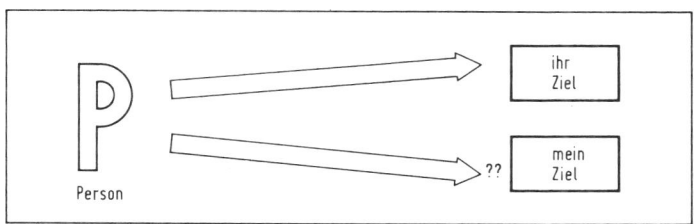

Z. B. Herr Meier hat Hunger, Frau Meier möchte jedoch vor dem Essen noch etwas erledigen, wozu sie seine Hilfe braucht. Je länger diese Tätigkeit ihn vom Essen abhält, desto mehr wird er sich sträuben. Oder: Hans sorgt sich um seine Sicherheit am

Arbeitsplatz. (Sorgen zehren zusätzlich Energien, da ja auch Gefühle Kraft kosten.) Er wird so lange nicht bereit sein (können), Energien freizumachen, um seiner Freundin (Mutter, Tante, Nachbarn etc.) Gefallen zu erweisen, bis die Sicherheit wieder abgedeckt ist (15).

Also gilt es, dem anderen zu zeigen, daß er *das Erreichen seiner eigenen Ziele mit dem Erreichen meiner verbinden kann:*

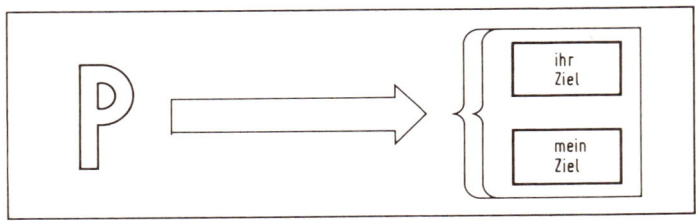

Dazu muß ich mich natürlich mit ihm unterhalten, damit ich seine eigene Zielvorstellung kenne und feststellen kann, ob sich unsere beiden Ziele auch wirklich verbinden lassen. Hier sehen wir nun die biochemischen Prozesse, die der guten Motivation unterliegen. (Der gesamte Motivationsprozeß mit Fallbeispielen wird im 3. Kapitel von »Kommunikationstraining« [15] dargestellt).

3. Frustration

Wird ein Organismus durch eine Person oder äußere Umstände (z. B. einen platten Reifen) an der Befriedigung eines Bedürfnisses gehindert, so reagiert das Reptiliengehirn sofort mit akuten Kampf- oder Fluchtreaktionen. Je mehr Energien der Organismus zum Erreichen dieses Ziels zur Verfügung gestellt hatte, desto dringlicher war diese Bedürfnisbefriedigung und desto stärker ist nun die OR. Außerdem müssen die Energien, die zur Zielerreichung bereitgestellt wurden, auch irgendwie abgebaut werden. Denn: Sie waren vorhanden, um das Ziel zu erreichen; demzufolge sind sie immer noch im System, wenn die Zielerreichung blockiert wird. (Das Wort »Frustration« beschreibt den Gefühlszustand, der sich nun ergibt, abgeleitet von lat.: »frustra« = vergeblich.)

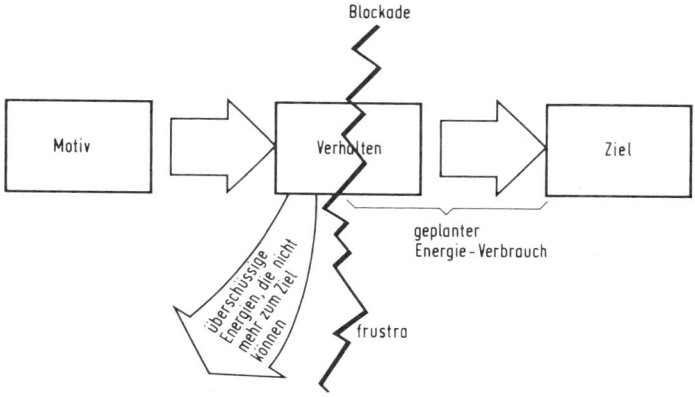

Die Energien stellen Distreß-Energien dar. Entweder der Körper kann sie durch Kampf sofort ab-reagieren, oder aber sie stauen sich an.

Beobachtbar sind dann Gefühle, die durch die gleichzeitige Aktivierung der Unlustareale im limbischen System (s. Kap. 1 und 2) ausgelöst werden: Angst, Wut, Zorn u. a. (eine mildere Form ist die Enttäuschung). Jedes Gefühl verbraucht Kraft. Heißt das, daß man sämtliche nun frei im Körper befindlichen Distreß-Energien durch diese Gefühle allein ab-reagieren kann? Nein!

Der Energien-Abbau durch negative Gefühle ist meist zu gering, um alle Distreß-Energien loszuwerden. Also gilt es jetzt, auch die übrigen abzureagieren, ehe sie das System vergiften können. Denn die Kortikoid-Hormone stellen ja, wenn sie nicht abreagiert werden können, biochemisch reines Gift dar, das der Organismus selbst nur in geringen Mengen chemisch abbauen kann.

1. Möglichkeit: Direkte Aggression

Man bekämpft die Person (oder Sache), die die Frustration ausgelöst hat.

2. Möglichkeit: Verschobene Aggression

Man bekämpft eine Person oder einen Gegenstand, der mit der
Auslösung der Frustration nichts zu tun hatte. Bekannter Kreislauf: Chef beschimpft Vater – der beschimpft die Mutter, wenn
er (noch angefüllt mit Distreß-Energien) nach Hause kommt –
Mutter schlägt den Kleinen, weil er die Milch umgestoßen hat
(was sie ohne die Frustration nicht getan hätte) – der wiederum
verhaut seinen noch kleineren Bruder – und der zieht die Katze
am Schwanz ... (15).

3. Möglichkeit: Sublimierung

Nach FREUD: Angestaute Energien werden durch kreatives,
künstlerisches oder geistiges Schaffen *umgeleitet*. Diese Möglichkeit wird besonders dann genutzt, wenn der Sublimierende sich
des Charakters der Sublimation nicht bewußt ist.

4. Möglichkeit: Selbstzerstörung

Kann man keine dieser drei Möglichkeiten ausleben, wenden sich
die Energien nun dem Kampf gegen den eigenen Körper zu. Sie
lösen Magengeschwüre und andere Leiden aus. Dies ist der Ur-
sprung aller sogenannten Streß-Krankheiten. Deshalb ist Kap. 7
für Sie besonders wichtig!

C. Merkblatt: Der Defizit-Mensch*

Wenn ein Mensch jahrelang zuwenig SE erhalten hat, so fehlt ihm die Möglichkeit, ein gesundes Selbstwertgefühl zu entwikkeln. Das mangelnde Selbstwertgefühl läßt sich oft auch durch eine gesteigerte Leistung (MASLOW IV) kompensieren; daher neigen solche Menschen häufig zu einem ausgesprochenen Defizit-Verhalten.

1. Entweder sie ziehen sich in sich selbst zurück (chron. Flucht des Reptiliengehirns). Sie haben ja gelernt (d. h. bevorzugte Bahnen zum Unlustareal gebildet), daß Kontakte mit der Umwelt nicht befriedigend, sondern im Gegenteil schmerzhaft verlaufen. Sie werden schüchtern, gehemmt, still.

2. Oder aber sie verhalten sich so, daß sie ständig den Zorn ihrer Umwelt auf sich ziehen (Hau-Mich-Verhalten, s. Lit.-Verz. Nr. 8). Denn: Biologisch gesehen sind *negative SE besser als gar keine!* So ein Mensch fällt z. B. dadurch negativ auf, weil er regelmäßig zu spät kommt, versprochene Arbeiten nicht oder unvollständig abliefert, »Spielregeln« seiner Umwelt verletzt etc.

Beide Menschtypen reagieren jedoch ähnlich, wenn sie plötzlich mit (ihnen ja so ungewohnten) positiven SE konfrontiert werden: *Sie lehnen die positiven SE ab!*

Auch dies ist verständlich: Stellen Sie sich vor, Sie hätten sich als Kind immer Schokolade gewünscht. Sie haben beobachtet, wie andere Kinder von ihren Eltern Schokolade bekamen. Aber Ihnen gab man keine. Also stellten sich bei Ihnen Gefühle ein wie z. B.:

a) Schokolade ist für mich nicht gut;
b) ich bin nicht gut (OR) genug, um Schokolade zu erhalten;
c) die Schokolade, die andere Eltern ihren Kindern geben, ist eine Art von Bestechung, die die Kinder jetzt zwingt, brav zu sein;

---

* Mit freundlicher Genehmigung des WRS-Verlages (s. Literatur-Verzeichnis Nr. 16).

d) Schokolade ist eine Belohnung, die man nur erhält, wenn man sie er-arbeitet hat. Bis jetzt konnte ich sie mir noch nie er-leisten.

Merke: Aussage b) bezieht sich auf das »Gut-*Sein*«; Aussage d) jedoch auf das »Gut-*Tun*« (15).

Wenn man Ihnen dann heute plötzlich Schokolade anbieten würde, würden auch Sie

- abwehren oder
- mißtrauisch werden (was will denn der damit erreichen?) oder
- sich vielleicht schon freuen, aber nicht wissen, wie man reagiert ...

Wenn Sie dies verstehen, dann verstehen Sie auch diejenigen Mitmenschen, die auf ein Lob, eine Anerkennung, ein Kompliment immer irgendwie ab-wehrend reagieren. Sie verstehen dann auch, daß so ein Mensch nicht *Sie* (als Person) ablehnt, sondern Ihre positiven SE, die ihn (noch) verwirren und ängstigen.

Wie lobt man so einen Mitmenschen oder Mitarbeiter?

Sehr, sehr *behutsam*. Wenn er mit Abwehr reagiert: *freundlich bleiben!* Wenn er Mißtrauen ausdrückt, Verständnis zeigen. Und: Immer wieder positiv »streicheln«, immer wieder loben.
Viele kleine Streichel-Einheiten führen zum Ziel. *Viele*, damit er sich langsam daran gewöhnen kann, auch positive SE zu akzeptieren, *kleine*, damit ihm der Lernprozeß leichter fällt. Sollte einer Ihrer Familienangehörigen, Freunde oder Mitarbeiter in die Hau-Mich-Kategorie (s. o.) fallen, dann wird er dieses negative Verhalten erst in dem Maß ablegen, in dem er es lernt, Ihre positiven SE zu akzeptieren!
Manche Defizit-Menschen sind durch massiven Mangel an SE *so krank* geworden, daß sie nur noch bösartig re-agieren können. Sie zeichnen sich durch ständigen Zynismus, Ironie und Sarkasmus (wenn intelligent) und ständige Angriffe auf ihre Umwelt

durch Schreien, Toben u. a. Kampf-Manöver aus. Ihr Leben ist eine *chronische Abwehrreaktion* geworden, was bei diesen Menschen mit einer Unmenge an Distreß-Energien verbunden ist.

Bei solchen Mitmenschen hört Ihre Verantwortung, sich auf ihn einzustellen, auf. Sie haben nicht die Pflicht, Therapeut zu sein. (Sollten Sie es aber sein wollen, weil dieser Mensch Ihnen viel bedeutet, dann handeln Sie nach dem Schema: *viele kleine SE* über lange Zeiträume.) Wenn Sie jedoch bei so einem Mitmenschen »alle Hoffnung aufgegeben haben«, dann helfen Sie zumindest sich selbst: Dadurch, daß Sie nun *verstehen,* was ihn so gemacht hat, werden Sie in Zukunft unter seinen Angriffen nicht mehr (so sehr) leiden. Eigentlich verdiente er Mitleid, nicht Ihren Zorn! Dieser arme Mensch ist mehr *Opfer,* als Sie es unter seiner Behandlung wohl je sein könnten ...

D. Merkblatt: Das Gehirn

Das Stammhirn, auch Urhirn genannt, existierte bereits vor ca. 450 Milionen Jahren. Es beinhaltet u. a. den Kampf- oder Flucht-Mechanismus, den wir »Reptiliengehirn« nennen wollen (32).

Das Rindenhirn (auch Neuhirn oder Kortex genannt) nahm erst vor ca. 1½ Millionen Jahren die Form des heutigen Menschenhirns an. Hier spielen sich u. a. auch die kognitiven Prozesse ab, so daß wir es als »Denkhirn« bezeichnen können.

Zum Stamm zählen wir:

- die Medulla oblongata (Myetencephalon, verlängertes Mark)
- das Metencephalon (Hinter- oder Kleinhirn)
- das Mesencephalon (Mittelhirn)
- das Diencephalon (Zwischenhirn).

Die Rinde hingegen besteht aus der Großhirnrinde mit ihren beiden Hemisphären und dem Rhinencephalon. Es war die Entwicklung dieser Rinde, die den Aufstieg zum Homo sapiens erst ermöglichte.

Zu erwähnen wäre hier noch die Retikular-Formation, die Klein-, Mittel- und Großhirn gleichermaßen beeinflußt, und natürlich das limbische System, das ein Randgebiet zwischen alten und neuen Gehirnteilen darstellt. Es wird auch Viszeralhirn genannt.

Die folgende Grafik zeigt, wie die wichtigsten Gehirnteile zusammenhängen (Schema).

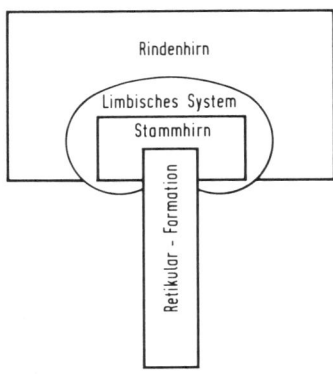

Funktionen

Es würde den Rahmen dieses Ratgebers sprengen, wollten wir alle Funktionen aller Gehirnteile hier vollständig aufzählen. (Der interessierte Leser sei besonders auf Lit.-Verz. Nr. 24, 40, 77 und 104 verwiesen.) Aber wir wollen doch die Funktionen des limbischen Systems ein wenig umreißen, weil gerade dieser Teilbereich des Gehirns für unser Streß-Geschehen von so unerhört großer Bedeutung ist:

Das limbische System (LS) ist verantwortlich für:

1. Selbst- und Arterhaltung
2. Gemütsbetonung (Freude/Leid)
3. Kampf- und Fluchtverhalten bei Gefahr
4. Gedächtnisspeicherung (104).

Das LS stellt eine Verbindung zwischen Alt- und Neuhirn her. Das bedeutet, daß es auf beide wirken und Reize von einem zum anderen (über den Thalamus) weiterleiten kann. Es hat Verbindungen zur hypothalamus'schen Region, zum Thalamus, zu den Stammganglien und zur Retikularformation des Hirnstamms (40). Somit wacht es sozusagen als *Steuermann* über folgende Vorgänge:

Retikular-Formation: Atemzentrum, Herzregulation, Vasomotorenzentrum, vegetativ-affektives Verhalten, Weckwirkung auf Kortex, Integration zwischen Kleinhirn, Thalamus und Kortex.

Thalamus: Tast- und Schmerzempfindung, Tiefensensibilität, Temperaturwahrnehmung, Seh- und Riechfunktionen, Extrapyramidalmotorik, Umkodierung von Signalen, Verbindung zu Kortex.

Hypothalamus: Wasserhaushalt, Körperwärme, Kreislauf, Nahrungsaufnahme. Der Hypothalamus stellt die oberste Befehlsstelle des autonomen (oder: selbstregulierenden) Nervenzentrums dar: Sympathikus und Parasympathikus (40).

Die Kampf- oder Flucht-Reaktion = Streß-Reaktion = OR (Orientierungs-Reaktion)

Um Ihnen ein wenig Gefühl dafür zu vermitteln, wie unerhört komplex und kompliziert diese OR ist und welch umwälzende biochemische und muskuläre Veränderungen sie im Organismus bewirkt, sei hier eine etwas vollständigere Liste beigefügt, die jedoch *noch immer nicht alle* Reaktionsaspekte beinhalten kann! Lassen wir hier den Biochemiker und Hormonspezialisten F. VESTER selbst zu Wort kommen. In seinem Buch »Phänomen Streß« (129), das gerade über solche Vorgänge ausgezeichnet informiert, sagt er auf den Seiten 48/49:

Die Wahrnehmung des Streß-Reizes* aktiviert über bestimmte Gehirnbahnen das vegetative Nervensystem, vor allem den Sympathikus sowie die Hirnanhangdrüse, die Hypophyse. Der Sympathikus schießt seine Impulse in das Mark der Nebenniere, die dann die Katecholamine Adrenalin** und Noradrenalin in den Blutstrom ausschüttet. Die Hypophyse produziert selbst ein Hormon (ACTH***), welches etwas später über die Blutbahn ebenfalls bei der Nebenniere landet und dort nicht im Mark, sondern in der Rinde zur Ausschüttung von corticoiden Hormonen führt, z. B. von Hydrocortison. In kurzer Zeit befinden sich diese Hormone überall im Körper, wo nun (durch sie) die verschiedensten Wirkungen erzeugt werden:
Der Herzschlag wird beschleunigt – der Puls verstärkt sich – die Muskeln werden besser durchblutet – Fettreserven und Zucker werden mobilisiert – die Geschwindigkeit der Muskelreaktion wird erhöht – und die Blutgerinnung steigt an. Gleichzeitig werden alle für den Moment der Gefahr nicht nötigen Vorgänge gedrosselt:
Eingeweide und Haut werden schlechter versorgt (mit Blut) – die Verdauung wird sich selbst überlassen – der Aufbau hochwertiger Stoffe wie der Proteine wird verhindert – die Sexualfunktionen werden gehemmt – und der Schalter des Gehirns**** wird blockiert, damit keine unnötigen Überlegungen angestellt werden.

---

* Gemeint ist hier natürlich der Distreß-Reiz.
** Sie sehen hier, daß die Adrenalinbildung nur *einen winzigen Bestandteil der OR* darstellt!
*** Adreno-Cortico-Tropes-Hormon
**** Gemeint ist hier natürlich das »Denkhirn«.

Lokalisierung der Lustareale im Gehirn

Hier lassen wir den Gehirnphysiologen CAMPBELL (24) zu Wort kommen (S. 37/38):

> Die den Anatomen schon seit langem bekannten Hirnregionen, die jetzt Lustareale genannt werden und Teile des Hypothalamus und des Thalamus darstellen, sind:
> die Septalregion, das präoptische Areal und der Mandelkern (nucleus amygdalae). Das sind die Regionen, die von OLDS (90) u. a. Pionieren auf diesem Gebiet geschildert wurden. Seit jener Zeit sind andere Bereiche im Gehirn entdeckt worden, die bei einer Stimulierung ebenfalls lustbetonte Erlebnisse vermitteln können; doch höchstwahrscheinlich stellen diese Gebiete einfach *Stationen* auf den Bahnen zu den eigentlichen Lustarealen dar.

Da in unserer Kultur zu viele alteingesessene Programme gegen die Lustsuche bestehen, sei hier noch ein Wort CAMPBELLS zitiert, das manchem vielleicht helfen kann, diese Lustsuche akzeptieren zu lernen. (24, S. 38):

> Wir haben bereits festgestellt, daß . . . (die Lustareale) eines der ältesten Teile des Gehirns darstellen, und es ist eine neurologische Binsenweisheit, daß ein Teil des Nervensystems *um so größere Bedeutung für das Überleben hat, je älter er ist.* Die gesamten, vielfältigen Anzeichen der Lust können nicht willkürlich ausgelöscht werden, ohne (den Organismus) zu töten. Es ist somit unmöglich... ein Tier (so zu präparieren), daß es lebensfähig und gleichzeitig unfähig ist, lustvolle Sensationen zu erleben.
> Das liegt daran, daß die beteiligten Hirnregionen neben dem Streben nach Lust noch weitere Aufgaben erfüllen . . den Herzschlag, das Atmen, das für die Aufrechterhaltung des Blutdrucks so notwendige Ausdehnen und Zusammenziehen der Blutgefäße und andere unbewußte . . . lebensnotwendige physiologische Vorgänge . . .

Für ein in die Tiefe gehendes Verständnis aller hier angesprochenen Funktionen seien besonders VESTER (129) und CAMPBELL (24) empfohlen, für akkurate Beschreibungen des Gehirns (höchst detailliert) hingegen ROHRACHER (104), MARFELD (77) und FALLER (40).

E. Die Ärger-Inventur

Das gesamte Streß-Problem kann auf einen sehr einfachen Nenner gebracht werden: Wenn der Mensch zu viel Distreß erlebt, wird er krank. Im schlimmsten Fall stirbt er dadurch. Aber: wenn er zu wenig Eustreß erlebt, wird er auch krank oder stirbt vorzeitig. Deshalb lautet das Motto zu meinem Buch auch sinnigerweise: »Die Götter gaben uns ein langes Leben, aber wir haben es verkürzt« (Seneca).

Das Traurige ist, daß wir es nicht nur verkürzen, sondern weit unangenehmer gestalten, als nötig wäre. Die Folge: Zu viel Distreß (Streß als Folge von Unlustgefühlen aller Art) und zu wenig Eustreß (Streß als Folge von angenehmen Gefühlen). Unser Hauptproblem liegt jedoch nicht in den biologischen Streßfaktoren (Hunger, Durst, Schmerz), sondern in einer Reihe von psycho-logischen Stressoren. Letztere aber können wir bis zu einem gewissen Grad beeinflussen. Denn: Sie sind die Folge gewisser Erziehungsprozesse. Wer umlernen will, kann sein Streß-Problem in den Griff bekommen. Manche Menschen erleiden jedoch lieber mehr Distreß als daß sie sich dem »Distreß des Umlernens« unterwerfen. Je schwieriger einem das Lernen fällt, desto weniger kann gegen den negativen Streß unternommen werden. Nicht zuletzt deswegen heißt es wohl im Talmud (Mishra 15b): »Ein Mensch, der nicht mehr lernen kann, sollte eigentlich sterben.«
Klingt dies »Urteil« zu hart? Vielleicht nicht, wenn wir einmal bedenken, wie viel Schmerzen, Unlust und Ärger wir anderen zufügen, wenn wir unser Streß-Problem nicht besser bewältigen können. Andeutungsweise können wir sagen: Je mehr Streßhormone (die den Körper zu Kampf oder Flucht vorbereiten) wir derzeit in unserem Blutkreislauf haben, desto größer ist die Gefahr, daß wir aggressiv oder defensiv vorgehen. Bei Verhandlungen genauso wie in Situationen, in denen wir »motivieren« wollen! Beruflich wie privat. Je mehr Freudehormone (Hormone,

die heilen, vitalisieren) wir jedoch in unserem Blutkreislauf haben, desto größer wird die Chance, daß wir die Welt positiver wahrnehmen und daß wir positive Signale der Kommunikation setzen.

Es wurde angedeutet, daß psychologische Stressoren uns mehr zu schaffen machen als biologische. Was ist damit gemeint? Alles, was Unlust auslöst, ist ein Stressor (für negativen Streß). Unlust aber erleben wir täglich häufig, wenn wir uns ärgern, wenn wir frustiert werden, wenn wir unsicher sind, Scham- oder Schuldgefühle erleben (zusätzlich zu Situationen, in denen wir uns gejagt, gehetzt fühlen).

Was ärgert uns am häufigsten? Angenommen, Sie erleben 40 Situationen täglich, bei denen Sie Unlust, Unmut, Wut, Zorn, Frustation erleben. Angenommen, wir könnten die Anzahl auf 30 Situationen reduzieren. Dann sähe die Gesamtbalance, hormonell nämlich, wesentlich besser aus. Man kann nicht allen Ärgers Herr werden (ohne in ein Zen-Kloster oder einen ähnlichen

Alltagsstreß: Ärgern ist auch eine Erziehungssache

Platz der Ruhe zu fliehen!). Aber man kann weniger Ärger empfinden und dieselbe Wirklichkeit so anders erleben. Dies meinte Epiktet, als er sagte: »Nicht die Dinge sind so (positiv oder negativ), sondern...«

Sondern...? Wissen Sie, wie der Spruch weitergeht? Ehe wir das Rätsel lösen, noch eine Information. Wir sprachen von Ärger-Gefühlen. Bitte versuchen Sie, ehe Sie weiterlesen, eine immens wichtige Frage zu beantworten: »Was ärgert mich?«

In meinen Seminaren laufen die ersten Antworten meistens: »Nun, wenn jemand etwas Falsches (Schlechtes, Dummes) tut, dann ärgert mich das.« Auf die Zusatzfrage: »Bitte definieren Sie, was ›falsch‹ (›schlecht‹, ›dumm‹) ist«, beginnt der eigentliche Denkprozeß.

Wenn Sie einige Momente pausiert und nachgedacht haben, werden Sie festgestellt haben, daß es so gut wie unmöglich ist, die oben gestellte Frage zu beantworten, ohne auf Etikette auszuweichen. Wir ärgern uns über »negativ-empfundene« Situationen und Handlungen anderer. Aber, was wir positiv oder negativ empfinden, haben wir zum größten Teil durch Erziehungsprozesse gelernt, auch wenn wir uns dessen normalerweise nicht bewußt sind. Beispiel: Ärgern Sie sich über unpünktliche Menschen? Aller Voraussicht nach lautet Ihre Antwort »ja«. Frage: Worüber ärgern Sie sich, wenn jemand Sie »sitzen« läßt? Sicher können Sie Ihren Ärger gut rationalisieren, aber in Wirklichkeit ärgern Sie sich nicht über das Verhalten dieser Person, sondern über die Diskrepanz zwischen seinem Verhalten und Ihrer Erwartungshaltung, Ihrer inneren Einstellung zum Problem der Pünktlichkeit also!

Dieser Gedanke schockiert die Seminarteilnehmer im ersten Ansatz immer und löst teilweise recht aggressive »Gegenargumente« aus. Solange wir uns über den Partner, der eine andere innere Einstellung zu einer Situation hat, ärgern, erreichen wir nur folgendes:

● Wir ärgern uns (und meinen dann auch noch, daß dies unser »gutes Recht« sei). Dadurch aber produzieren wir —
● jene Kampfhormone, von denen wir eingangs sprachen. Die-

se greifen unseren eigenen Organismus an. Sie »machen« negativen Streß für uns. Also schaden wir uns nur selbst. Weiterhin verstärken diese Hormone –

● unsere Tendenz, auf Kampf- oder Fluchtmanöver »umzuschalten«, das heißt: Die Wahrscheinlichkeit, daß wir den anderen »dumm anreden« oder zumindest »dumm angucken« ist größer geworden, auch wenn wir solche Angriffe in sehr höfliche Worte kleiden (Der Ton macht die Musik). Solche Signale unsererseits vergrößern aber –

● die Tendenz des anderen, ebenfalls aggressiv oder defensiv zu reagieren. Resultat: Beide fühlen sich unwohl, beide erleben negativen Streß.

Wäre unsere innere Einstellung der Frage nach Pünktlichkeit gegenüber eine andere, dann würden wir dieselbe Situation anders erleben: Wir würden weniger (oder gar keine) Kampfhormone produzieren und demzufolge besser mit dem anderen kommunizieren. Was nicht heißt, daß jemand sein eigenes Verhalten in punkto Pünktlichkeit verändern soll. Hier mißverstehen die Teilnehmer zunächst unsere Zielstellung. Ich bin zum Beispiel nach wie vor ein überpünktlicher Mensch, aber ich habe gelernt, mich nicht mehr aufzuregen, wenn andere mich warten lassen. Nun können wir den Satz von Epiktet beenden: »Nicht die Dinge sind so (positiv oder negativ), sondern unsere Einstellung macht sie so!«

So daß ein und dieselbe Realität von zwei Menschen mit unterschiedlichen Einstellungen anders erlebt werden kann. Der eine kann unter Distreß leiden, während der andere diesen Distreß nicht erleben muß. Nun, lohnt es sich, über einen Lernprozeß nachzudenken?

So Sie bereit wären, in diese Richtung zu denken, dann erhebt sich jetzt die Frage: »In welchen Punkten lohnt es sich, meine innere Einstellung zu überprüfen?«

Worüber nachdenken? Die Antwort auf diese Frage muß individuell unterschiedlich ausfallen. Ihre eigene Antwort können Sie nur finden, indem Sie eine Ärger-Inventur vornehmen.

Das heißt: Sie schreiben einmal drei, vier oder fünf Wochen lang alles auf, was Sie ärgert. Jeden Faktor auf einen kleinen Zettel oder auf einseitig beschriebene Kärtchen, damit Sie anschließend gut sortieren können. Dann schicken Sie die Familie ins Kino und breiten sich mit Ihren Kärtchen aus, wenn Sie nicht gestört werden können.

Meist plagt uns der Ärger über die eigene Einstellung

Nun sortieren Sie zunächst einmal, in zwei Stöße, unter folgendem Gesichtspunkt:

Gruppe A: Ärger über mich selbst.

(Zum Beispiel: Habe eine wichtige Unterlage vergessen, hat mich geärgert!)

Gruppe B: Ärger über andere.

(Zum Beispiel: Sowieso hat eine wichtige Unterlage für die Verhandlung mit XY vergessen. War stocksauer!)

Nun zählen Sie die Anzahl der Kärtchen in jedem Haufen und überprüfen dann Ihre Grundhaltung sich und anderen gegenüber:

● Wenn die Gruppe A maßgeblich überwiegt, dann besteht die Gefahr, daß Sie sich selbst gegenüber zu intolerant sind. Sie versuchen, auch in Kleinigkeiten Perfektion zu erreichen. Diese aber ist unmöglich, also werden Sie regelmäßig frustriert und verärgert. Dieser Distreß-Faktor kostet Sie gute Gesundheit sowie viel Lebensfreude. Lernen Sie, sich selbst gegenüber nachsichtiger zu werden, indem Sie in der Zukunft vorher klare Ziele formulieren. Wenn Sie merken, daß Ihre Zieldefinition Perfektion anstrebt, dann verändern Sie diese, bevor Sie in die Situation hineingehen.

● Wenn die Gruppe B maßgeblich überwiegt, dann sind in Ihren Augen alle möglichen anderen Menschen »Idioten«, während Sie selbst alles können und wissen. Sie Arbeiten unter dem Motto: »Wenn man nicht alles selber macht!« Damit aber frustrieren Sie Leute, die mit Ihnen oder unter Ihnen arbeiten müssen. Daher bekommen Sie weit häufiger »gestreßte« Kommunikationen aus Ihrer Umwelt, was Sie wiederum ärgert und weitere Streß-Hormone in Ihnen auslösen wird. Außerdem greifen Sie das Selbstwertgefühl anderer Menschen zu häufig an. Dies ist ein immenser Streß-Faktor für jene und verhindert gerade die guten Leistungen, die Sie (trotzdem!) erwarten. Also, ein Überprüfen der inneren Einstellung wäre optimal, insbesondere ein wenig mehr Toleranz anderen gegenüber.

● Sind die beiden Kärtchen-Stöße ungefähr gleich groß, gehen Sie gleich zur zweiten Analyse über.

Mit Ärger-Inventur die Grundhaltung überprüfen

Im zweiten Sortier-Vorgang sortieren Sie nach Situationen, in denen Sie sich ärgern: Zum Beispiel Kategorie A (Büro), Kategorie B (mit Kunden), Kategorie C (im Straßenverkehr), Kategorie D (zu Hause), und so weiter. Dann nehmen Sie die Kategorie, in der die meisten Kärtchen sitzen und vergessen die anderen (zumindest zunächst, langfristig könnte man über die anderen auch mal nachdenken). Diese Kärtchengruppe sortieren Sie noch einmal: Stellen Sie fest, welche Ärger-Situationen mehrfach auftreten. Diese interessieren uns jetzt.

Angenommen, Sie haben 17 Kärtchen über »Sünden« anderer Verkehrsteilnehmer, die Sie jeweils »zur Weißglut« treiben. Hinter allen diesen Ärger-Situationen steht dieselbe innere Einstellung: Sie erwarten, daß niemand (außer Ihnen) Fehler machen darf. Des weiteren halten Sie Ihre Art zu fahren für die einzig richtige. Demzufolge begegnen Sie weit mehr »Idioten« im Straßenverkehr als guten Autofahrern. Diese innere Einstellung beschert Ihnen viel Streß und hilft niemandem. Sie werden die anderen Verkehrsteilnehmer durch Ihren Distreß nicht verändern, aber Sie ruinieren Ihre Gesundheit und betrügen sich um eine Menge Lebensfreude. Lohnt sich das? Wäre es nicht sinnvoll, hier anzusetzen?

Wenn Sie in dieser Weise Ihre innere Einstellung hinter den häufigsten Ärger (= Unlust/Distreß-)Situationen hinterfragen,

Wenn Sie in dieser Weise Ihre innere Einstellung hinter den häufigsten Ärger (= Unlust/Distreß-)Situationen hinterfragen, dann können Sie entscheiden, wieviel Ärger weniger Sie in Zukunft erleben wollen. Oder aber Sie erlauben es Krethi und Plethi, in Ihnen Streß-Hormone auszulösen und Ihr »Reptiliengehirn« zu aktivieren. Dann aber dürfen Sie nicht mehr über »so viel Streß« klagen, denn, einen Teil davon verursachen Sie allein, durch Ihre innere Einstellung. Deshalb lautet mein Lebensmotto auch: »Kühner, als das Unbekannte zu erforschen, kann es sein, das Bekannte (zum Beispiel meine innere Einstellung) zu bezweifeln.« (Kaspar).

Ergänzend zu diesem Buch könnten folgende
Birkenbihl-Titel interessant sein:

Kommunikationstraining
Zwischenmenschliche Beziehungen erfolgreich gestalten
ISBN 3-478-03040-4

Erfolgstraining
Schaffen Sie sich Ihre Wirklichkeit selbst!
ISBN 3-478-03150-8

Stroh im Kopf?
Gebrauchsanleitung fürs Gehirn
ISBN 3-478-03670-4

Zahlen bestimmen Ihr Leben
Numerologie – Ein Weg zu mehr Menschenkenntnis
ISBN 3-478-02712-8

Rhetorik-Training
Kompakt-Seminar für Ihren beruflichen und persönlichen Erfolg
ISBN 3-478-06310-8

F. Mini-Lexikon (Definitionen)

ACTH — *A*dreno-*C*ortiko-*T*ropes-*H*ormon, ein Hormon der → Hypophyse. Es löst die → OR aus, wenn der »Wächter« → N. E. M. den »Panikknopf« drückt (s. Kap. 1 und Anhang D). Das ACTH löst die Tätigkeit der → Nebennierenrinde aus.

Adaptions-Reaktion → OR

Adrenalin — Eines der wirksamsten → Nebennieren-Hormone: »ad« = bei, »ren« = Niere. Wird im Nebennieren*mark* produziert.

Denken — Die für unsere Diskussion wichtigste Funktion des Rinden-(Neu-, Groß-)hirns, auch Kortex genannt (im Frontalbereich lokalisiert).

Denkhirn — Unser Terminus für die Gehirnteile des neuen Hirns, die Denk-, Planungs-, Entscheidungsprozesse sowie das Erstellen ethischer Postulate ermöglichen (s. Kap. 1).

Distreß — Nichtbefriedigung der Basisbedürfnisse des → Reptiliengehirns (s. Kap. 1) bzw. Stimulierung der Unlustareale im → limbischen System (s. Kap. 1).

Endokrine Drüsen — »Drüsen ohne Abführungsgänge, die ihre Sekrete (→ Hormone) direkt in den Blutstrom leiten.« (SELYE)

Energien

A-Energien — Energien, die das »nackte Überleben« absichern sollen (s. Kap. 5).

B-Energien — Energien, die für die Aufrechterhaltung des SWG (Selbstwertgefühls), d. h. für die psychologische → Homöostase sorgen sollen (s. Kap. 5).

C-Energien — Energien, die für die Verarbeitung und Einsortierung neuer Informationen (ins Gedächtnis) zuständig sind (d. h. für intellektuelle Lernprozesse), besonders wenn sich eine sog. kognitive Dissonanz (ein Wissens-Mißklang) ergibt, d. h. eine neue Information mit bereits vorhandenem Wissen (auch Meinung!) nicht übereinstimmt (s. Kap. 5).

D-Energien — Energien, die wir für »Arbeiten« benötigen, d. h. alle Tätigkeiten, die Kraft kosten und unter A-, B- und C-Energien noch nicht erfaßt wurden (s. Kap. 5).

E-Energien — Energien für Notfälle (»E« = extra), die der

	Körper in einem »Reserve-Tank« für uns bereithält. Diese Energien werden separat gespeichert und durch die → OR entladen (s. Kap. 5).
Eustreß	Befriedigung der Basisbedürfnisse bzw. Stimulierung der Lustareale (vgl. Distreß).
Feedback, biolog.	Rückkoppelung: Durch F. wird eine vom System hervorgebrachte Reaktion dem System zurückgemeldet (vgl. die GSR in Kap. 7).
Großhirn	→ Rinde
Homo sapiens	Hergeleitet von »homo« = Mensch, »sapiens« = weise, wissend. Bezeichnung für den heutigen Menschen-Typus, um ihn von gewissen Vorfahren (z. B. dem Neandertaler) zu unterscheiden. Homo-sapiens-Verhalten beruht zwangsläufig überwiegend auf Aktivitäten des → Denkhirns. Werden diese durch zuviel → Distreß zu sehr verhindert, stellt sich »untermenschliches Verhalten« (CAMPBELL) ein.
Homöostase	Hergeleitet von »homoios« = gleich, »stasis« = Stand, Position: Die Fähigkeit des Organismus, trotz äußerer Veränderungen das Gleichgewicht wiederherzustellen, z. B. Körpertemperatur, Blutzuckerspiegel u. a.
Hormone	»Chemische Boten« der → endokrinen Drüsen, die über den Blutstrom zu gewissen Organen geleitet werden, denen sie dann »sagen«, was diese jetzt zu »tun« bzw. zu produzieren haben. Das Wachstum des Körpers, der gesamte → Stoffwechsel, der Widerstand gegen → Distreß sowie die Sexualfunktionen (→ Eustreß-Erleben) hängen weitgehend von Hormonen ab.
HUNA	Abkürzung für *H*emmungen, *U*nsicherheit, *N*ervosität und/oder *A*ngst.
Hypophyse	Hirnanhangdrüse, eine kleine → endokrine Drüse, die »im Knochen eingebettet an der Schädelbasis direkt unterhalb des Gehirns liegt« (SELYE).
Hypothalamus	An der Schädelbasis gelegener Teil des Zwischenhirns (zentralnervöse Region); von hier aus werden der → Hypophyse regulierende Befehle erteilt, z. B. zur → ACTH-Absonderung im Falle von Distreß.
Kampf- oder Flucht-Reaktion	→ OR
Katecholamine	Hormone des → Nebennieren*marks* (z. B. → Adrenalin).

Kortex	→ Rinde
Kortikoid-Hormone	Hormone der → Nebennieren*rinde*. Es ist üblich, sie in entzündungshemmende Glukokortikoide, entzündungsfördernde Mineralkortikoide und Androkortikoide (die einen vermännlichenden Einfluß ausüben) zu unterteilen. Kortikoid-Hormone wirken den → Sexualhormonen entgegen (VESTER).
Lust	»Der Begriff ›Lust‹ wird in einem streng wissenschaftlichen Sinne gebraucht und ist identisch mit den Aktivierungen der limbischen Hirnareale.« (CAMPBELL)
Lustareale	Teile des Hypothalamus und des Thalamus: Septalregion, präotisches Areal und Mandelkern (CAMPBELL)
Motiv	Hergeleitet von »motus« = die Bewegung: Die vom Organismus zur Erreichung eines → Ziels bereitgestellte Energie, die den Organismus dann zum Ziel hin-treibt (s. auch Anhang B).
Nebennieren	»Innersekretorische (→ endokrine) Drüsen, die am oberen Pol einer jeden Niere anliegen und aus dem festen, weißlichen »Kortex« (= Rinde), der die → Kortikoide erzeugt, und der weicheren, braunroten »Medulla« (dem Mark), das → Adrenalin und verwandte Hormone absondert, bestehen.« (SELYE)
Nebennieren-Hormone	Hormone der Nebennieren gehen immer mit Er- und Aufregungen einher; → Kortikoide und → Katecholamine.
NEM	Abkürzung des von SOKOLOW geprägten Ausdrucks: *N*euheits-*E*ntdeckungs-*M*echanismus = der »Wächter«, der bei Gefahren aller Arten auf den »Panikknopf« drückt und somit die → OR auslöst.
Neuhirn	→ Rinde
Noradrenalin	Nebennierenhormon; ein Abkömmling des → Adrenalins, überträgt bestimmte Nervenimpulse. N. wird im Mark der → Nebennieren produziert.
OR	Orientierungs-*R*eaktion (SOKOLOW u. a.), auch STRESS-Reaktion (VESTER) und ANPASSUNGS-Reaktion (SELYE) oder Kampf-/Flucht-Reaktion (div. Autoren) genannt: Die Reaktion des → Reptiliengehirns auf Streß-Faktoren aller Art. Löst umfangreiche biochemische Veränderungen im Organismus aus (s. Kap. 1 und Anhang D).

Reptiliengehirn	Die (ca. 450 Millionen Jahre alten) Gehirnteile, die für die → OR zuständig sind und sich in der Funktion von dem einer Echse nicht unterscheiden (s. Kap. 1).
Rinde	Rindenhirn (Kortex, Neuhirn, Großhirn): die neueren Gehirnteile (ca. 1½ Millionen Jahre alt), die den Aufstieg zum → Homo sapiens erst ermöglichen, bestehend aus den beiden Hemisphären (s. Kap. 1, Anhang D).
Sexualhormone	Werden durch Stimulierungen der Lustareale ausgelöst (auch bei nicht-sexuellen Freuden!) und wirken *gesundheitsfördernd* auf den Organismus, indem sie → Eustreß hervorrufen (VESTER).
Stoffwechsel	»Der Umwandlungsprozeß von Nahrung u. a. Stoffen in Gewebe und Energie, der sich im Körper vollzieht.« (SELYE)
Streß-Reaktion	→ OR
Stressor	Alles was → Distreß oder → Eustreß erzeugt.
Unlustareale	Stimulierung der Unlustareale führt zu Distreß, vgl. Eustreß.
Ziel	Bedürfnis-Befriedigung eines vitalen Bedürfnisses führt zum Ziel, d. h. zur Erreichung der Befriedigung (s. Anhang B).

G. Bibliographie

1. ABRAM, H. S.   Psychological Aspects of Stress. Springfield (USA) 1970

2. AKERT, K. & HUMMEL, P.   Anatomie und Physiologie des limbischen Systems. Basel 1963

3. ANAND, B. K. u. a.   *Some aspects of electroencephalographic studies in yogis.* In: Electroenceph. Clin. Neurophysiol. 13: 452, 1961

4. APPLEY, M. H. & TRUMBULL, R.   Psychological Stress: Issues in Research. New York 1967

5. AVERILL, A. F. u. a.   *Validation of a psychophysiological test of aptitude for learning social motives.* In: Psychophysiol. 5: 316, 1968

6. BADIA, P. u. a.   *Orienting responses and GSR conditioning.* In: Psychol. Rev. 77: 171, 1970

7. BARLAND, G. H. & RASKIN, D. C.   *An experimental study of field techniques in »lie detection«.* In: Psychophysiol. 9: 275, 1972

8. BERNE, E.   Spiele der Erwachsenen. Reinbek 1967. (Original: Games People Play. New York 1964)

9. –   Spielarten und Spielregeln der Liebe (Psychologische Analyse der Partnerbeziehung). Reinbek 1974. (Original: Sex in Human Loving. Beverly Hills 1970)

10. –   Was sagen Sie, nachdem Sie guten Tag gesagt haben? München 1975. (Original: What Do You Say After You Say Hello? – The Psychiatry of Human Destiny. New York 1972)

11. BERKHOUT, J. u. a.   *Alterations of the human electroencephalogram induced by stressful verbal activity.* In: Electroenceph. Clin. Neurophysiol. 27: 457, 1969

12. BERLE, B. B.   80 Porto Rican Families in New York: Health and Disease Studied in Context. New York 1958

13. BERNAU, LUTZ   Schmerzfrei durch Fingerdruck. Die aktuelle Methode der Akupressur. München 1977

14. BIRKENBIHL, V. F.   Der persönliche Erfolg (Psychologie des Erfolges und des Versagens). München 1974

15. –   Kommunikationstraining. München 1975

16. –   Die Kunst des Lobens im Betrieb, WRS-Service-Reihe. München 1974

17. BLOOMFIELD, H. u. a.   TM: Transzendentale Meditation. Düsseldorf 1976. (Original: TM Discovering inner Energies and Overcoming Stress. New York 1975)

18. BOURNE, P. G.   The Psychology and Physiology of Stress. New York 1969

19. BOWLBY, J.   Mütterliche Zuwendung und geistige Gesundheit. München 1973

20. BROWN, B. B.   *Awareness of EEG – subjective activity relationships detected within a closed feedback system.* In: Psychophysiol. 7: 451, 1970

21. –   New Mind, New Body. New York 1975

22. BUGARD, P.   La Fatigue. Paris 1960

23. BURSTEIN, K. R. u. a.   *A comparison of skin potential and skin resistance responses as measures of emotional responsivity.* In: Psychophysiol. 2: 14, 1965

24. CAMPBELL, H. J.   Der Irrtum mit der Seele. München 1973. (Original: The Pleasure Areas. London 1973)

25. –   Correlative Physiology of the Nervous System. London 1965

26. CANNON, W. B.   Wut, Hunger, Angst und Schmerz. Eine Physiologie der Emotionen. München 1975. (Original: Bodily Changes in Pain, Hunger, Fear and Rage. Boston [USA] 1953)

27. –   The Wisdom of the Body. New York 1932

28. CAREY, C. A. u. a.   *Effect of ISI and reversal manipulations on cognitive control of the conditioned GSR.* In: Psychophysiol. 9: 266, 1972

29. CHARDIN, P. T. de   Das Auftreten des Menschen. Bd. 3 der Gesamtausgabe. Freiburg 1965. (Original: The Phenomenon of Man. New York 1959)

30. –   Die Zukunft des Menschen. Bd. 5 der Gesamtausgabe. Freiburg 1966. (Original: The Future of Man. New York 1964)

31. COLE, G. H. M. u. a.   *Personality and habituation of the orienting reaction: tonic and response measures of electro-dermal activity.* In: Psychophysiol. 8: 54, 1971

32. CHRICHTON, M.   The Terminal Man. New York 1972

33. CURTIS, H. J.   Das Altern. Die biologischen Vorgänge. Stuttgart 1968. (Original: Biological Mechanism of Aging. Springfield [USA] 1966)

34. DARROW, C. W.   *Problems in the use of the galvanic skin response (GSR) as an index of cerebral function: implications of the latent period.* In: Psychophysiol. 3: 389, 1967

35. DELGADO, J. M.   Gehirnschrittmacher. Frankfurt 1971. (Original: Physical Control of the Mind: Toward a Psychocivilized Society. New York 1969)

36. DICKSON, H. u. a. *Affectivity in the arousal of attitudes as measured by the galvanic skin response.* In: Amer. Journ. of Psychology 79: 584, 1966

37. DUBOS, R. Man Adapting. New Haven 1965

38. DURFEE, H. & WOLF, K. *Anstaltspflege und Entwicklung im ersten Lebensjahr.* In: Zeitschrift f. Kinderf. 42: 273, 1933

39. EPSTEIN, S. *Heart rate, skin conductance, and intensity ratings during experimentally induced anxiety.* In: Psychophysiol. 8: 319, 1971

40. FALLER, A. Der Körper des Menschen. Stuttgart 1976

41. FARBER, S. M. u. a. Man Under Stress. Los Angeles 1964

42. FELDENKRAIS, M. Der aufrechte Gang. Frankfurt 1968

43. FISHER, L. E. u. a. *Negro-white differences in GSR response components and experimenter race effects.* In: Psychophysiol. 9: 279, 1972

44. FRIEDRICH, R. Medizin von morgen: Neue Theorien und Forschungsergebnisse. München 1955

45. FULTON, J. F. Physiologie des Nervensystems. Stuttgart 1952

46. GALDSTON, I. Beyond the Germ Theory. Minneapolis 1954

47. GATI, S. J. u. a. Pathology of Civilization Diseases. Budapest 1971

48. GILILA, M. & DANIELS, D. *Violence and Man's Struggle to Adapt.* In: Science, Apr. 25, 1969

49. GLASS, D. C. Environmental Influences. New York 1968

50. GOLDSTEIN, M. J. u. a. *The stability and sensitivity of measures of thought, perception and emotional arousal.* In: Psychopharmacologia 24: 107, 1972

51. GROSS, N. E. Living with Stress. London 1958

52. GUNDERSON, E. *Emotional symptoms in extremely isolated groups.* In: Arch. of Gen. Psychiatry 10: 362, 1963

53. HARLOW, H. F. *The Nature of Love.* In: Amer. Psychol. 13: 673, 1958

54. HASSENSTEIN, B. Biologische Kybernetik. Heidelberg 1967

55. HESS, W. R. Das Zwischenhirn. Basel 1954

56. HOLMES, T. & RAHE, R. *The Social Readjustment Scale.* In: Journ. of Psychosom. Research 11: 213, 1967

57. HUGHES, W. G. u. a. *Personality and ability to control the GSR.* In: Psychophysiol. 8: 247, 1971

58. HUNSPERGER, R. W. *Neurophysiologische Grundlagen des affektiven Verhaltens.* In: Bulletin der Schweizerischen Akademie der medizinischen Wissenschaften 21: 8, 1965

59. KEMPE, J. A. u. a.   *Sensorische Deprivation als Methode in der Psychiatrie.* In: Nervenarzt 45: 561, 1974

60. KERNER, F. & SELYE, H.   Streß bedroht unser Herz. München 1973

61. KLINGE, V.   *Effects of exteroceptive feedback and instructions on control of spontaneous GSR.* In: Psychophysiol. 9: 305, 1972

62. KUGELMASS, S. u. a.   *Effects of realistic stress and procedural interference in experimental lie detection.* In: Journ. Appl. Psychol. 50: 211, 1966

63. LABORIT, H.   Réaction organique à l'agression et choc. Paris 1952

64. LAZARUS, R. S.   Psychological Stress and the Coping Process. London 1966

65. LEVI, L.   Streß – Körper, Seele und Krankheit. Göttingen 1964

66. –   Stress – Sources, Management and Prevention. New York 1967

67. –   Stress and Distress in Response to Psychological Stimuli. New York 1972

68. –   Emotional Stress. Stockholm 1967

69. LEVINE, S.   *Stress and behavior.* In: Scientific American 224: 26, 1971

70. –   *Stimulation in infancy.* In: Scientific American 202, 1966

71. LEWIN, K.   Vorsatz, Wille und Bedürfnis. Berlin 1926

72. LIEBMANN, S.   Stress Situations. Montreal 1955

73. LONDON, P.   Der gesteuerte Mensch. München 1975. (Original: Behavior Control. New York 1969)

74. LOWREY, L. G.   *Personality distortion and early institutional care.* In: Amer. Journ. of Orthopsychiat. 10: 576, 1940

75. LYKKEN, D. T.   *Direct measurement of skin conductance: a proposal for standardization.* In: Psychophysiol. 8: 656, 1971

76. LYNN, R.   Attention, Arousal and the Orienting Reaction. Oxford 1966

77. MARFELD, A. F.   Kybernetik des Gehirns. Berlin 1970

78. MASLOW, A. H.   Psychologie des Seins. München 1973. (Original: Toward a Psychology of Being. New York 1968)

79. MASTERS, W. H. & JOHNSON, V. E.   Die sexuelle Reaktion. Reinbek 1966. (Original: Human Sexual Response. London 1966)

80. MASUDA, M. & HOLMES, T.
Magnitude estimations of social readjustments. In: Journ. of Psychosom. Research 11: 219, 1967

81. –
The social readjustment rating scale: a cross-cultural study of Japanese and Americans. In: Journ. of Psychosom. Research 11: 227, 1967

82. MCCLELLAND, D. C.
Die Leistungsgesellschaft. Psychologische Analyse der Voraussetzungen wirtschaftlicher Entwicklungen. Stuttgart 1966. (Original: The Achieving Society. New York 1961)

83. MCFANN, H. H.
Summary of research in sensory deprivation and social isolation. In: NATO Symposium on Defense Psych., Aug. 1961

84. MCQUADE, W. & AIKMAN, A.
Keine Angst vor Streß. Zürich 1976. (Original: Stress. New York 1974)

85. MICHAEL, D. N.
The Unprepared Society. New York 1968

86. MITCHELL, H. H. & EDMAN, M.
Nutrition and Climatic Stress. Springfield (USA) 1951

87. MORRIS, D.
Liebe geht durch die Haut. München 1972. (Original: Intimate Behaviour. London 1971)

88. MUNN, L.
The Evolution and Growth of Human Behavior. Boston (USA) 1965

89. NEUMANN, E. u. a.
The early history of electrodermal research. In: Psychophysiol. 6: 453, 1970

90. OLDS, J.
Hypothalamic substrates of reward. In: Physiol. Rev. 42: 554, 1962

91. OLVEDI, U.
Za Zen und Tantrische Meditation. München 1976

92. OLVEDI, U. & MILNER, P.
Positive reinforcement produced by electrical stimulation of the septal area and other regions of the rat brain. In: Journ. Comp. Physiol. Psychol. 47: 419, 1954

93. PACKARD, V.
Die Pyramidenkletterer. Düsseldorf 1963. (Original: The Status Seekers. New York 1959)

94. PATTON, G. W.
Combined autonomic effects of concurrently applied stressors. In: Psychophysiol. 6: 707, 1970

95. PENFIELD, W.
Centrencephalic integration system. In: Brain 81: 231, 1958

96. PERLS, F.
Grundlagen der Gestalt-Therapie. München 1976. (Original: Gestalt-Therapy: Exitement and Growth in the Human Personality. New York 1951)

97. Pillard, R. C. u. a.	*Palmar sweat prints and self ratings as measures of film induced anxiety.* In: Percept. Motor. Skills 23: 771, 1966
98. Plumlee, L. A.	*Operant conditioning of increases in blood pressure.* In: Psychophysiol. 6: 283, 1969
99. Rahe, R. u. a.	*A longitudinal study of life-change and illness pattern.* In: Journ. of Psychosom. Research 10: 355, 1967
100. –	*Social stress and illness onset.* In: Journ. Psychosom. Research 8: 35, 1965
101. Reich, W.	Die sexuelle Revolution. Frankfurt 1971. (Original: Die Sexualität im Kulturkampf. Kopenhagen 1936)
102. Richter, H. E.	Flüchten oder Standhalten. Hamburg 1976
103. Rohracher, H.	Einführung in die Psychologie. Wien 1965
104. –	Die Arbeitsweise des Gehirns und die psychischen Vorgänge. München 1967
105. Rosenfeld, A.	*The new man – what will he be like?* In: Life, Oct. 1, 1965
106. Schade, J. P.	Die Funktion des Nervensystems. Stuttgart 1971
107. Schaeffer, H. & Blohmke, M.	Sozialmedizin. Stuttgart 1972
108. Scharrer, E. & Scharrer, B.	Neuroendocrinology. New York 1963
109. Schurz, J.	*Gehirnstruktur und Verhaltensmotivation.* In: Naturwiss. Rundschau 2: 45, 1972
110. Selye, H.	Einführung in die Lehre vom Adaptionssyndrom. Stuttgart 1953
111. –	Streß beherrscht unser Leben. Düsseldorf 1957. (Original: The Stress of Life. New York 1954)
112. –	Streß und Altern. Bremen 1962
113. –	Streß: Bewältigung und Lebensgewinn. München 1974
114. Shmavonian, B. M. u. a.	*Differences among age and sex groups in electro-dermal conditioning.* In: Psychophysiol. 5: 119, 1968
115. Simeons, A. T. W.	Die Entwicklung des menschlichen Gehirns. München 1967. (Original: Man's Presumptuous Brain. London 1948)
116. Skinner, B. F.	Wissenschaft und menschliches Verhalten. München 1973. (Original: Science and Human Behavior. New York 1953)
117. Sokolow, E. N.	*Neuronal models and the orienting reflex*

	(OR). In: The Central Nervous System and Behavior (BRAZIER, ed.). New York 1960
118. –	*Higher nervous functions: the orienting reflex (OR).* In: Annual Rev. of Physiol. 3: 545, 1963
119. –	*Neural model of the stimulus: I: The formation of a neuronal model by repeated representation of the stimulus.* In: Rep. Acad. Pedagog. Sc. UdSSR 1959
120. SOLOMON, P.	*Sensorische Deprivation.* In: Comprehensive Textbook of Psychiatry (FREEDMAN/KAPLAN, eds.). Baltimore 1967
121. SPITZ, R.	*Hospitalism: An inquiry into the genesis of psychiatric conditions in early childhood.* In: The Psychoanal. Study of the Child I: 53, 1957
122. STERN, R. M. u. a.	*A comparison of GSR and subjective adaptation to stressful stimuli.* In: Psychophysiol. 7: 3, 1970
123. SURWILLO, W. W.	*Statistical distribution of volar skin potential level in attention and the effects of age.* In: Psychophysiol. 6: 13, 1969
124. THAYER, R.	*Activation states as assessed by verbal report and four psychophysiological variables.* In: Psychophysiol. 7: 86, 1970
125. TINBERGEN, N.	*Ethology and stress diseases.* In: Science 185, 1974
126. ULRICH, W.	Schmerzfrei durch Akupressur und Akupunktur. Düsseldorf 1975
127. TOFFLER, A.	Zukunftsschock. München 1973. (Original: Future Shock. New York 1970). N. B. In der deutschen Ausgabe fehlen leider sowohl das äußerst umfangreiche Lit.-Verz. wie auch die zahlreichen Anmerkungen TOFFLERS!
128. VESTER, F.	Das Überlebensprogramm. Frankfurt 1975
129. –	Phänomen Streß. Stuttgart 1976
130. –	*Hormone und die Umwelt des Menschen.* In: Die Kapsel 31: 5, 1973
131. WOLFF, H. G.	*Stressors as a cause of disease in man.* In: Stress and Psychiatry Disorder. Blackwell 1960
132. –	Stress and Disease. Springfield (USA) 1968
133. WOOLRIDGE, D. E.	Symposium on Medical Aspects of Stress in the Military Climate. Washington 1964
134. WYLER, A. u. a.	*Seriousness of Illness Rating Scale.* In: Journ. Psychosom. Research 11: 363, 1968

H. Querverweisnotizen

Um Ihnen die Suche nach Mehrinformationen bezüglich einiger wichtiger Stichpunkte zu erleichtern, finden Sie im folgenden eine Aufstellung mit Literatur-Verzeichnis-Nummern. *Kursivgedruckte* Nummern sind Artikel in Zeitschriften und Sammelwerken, normalgedruckte Bücher, und Nummern in eckigen Klammern bezeichnen deutschsprachige Texte. [Arbeiten, die in mehrere Gebiete fallen (z. B. Streß *und* Medizin) werden in jeder Kategorie gesondert aufgeführt.]

Streß

1, 4, *11*, [17], 18, 26, 27, 37, *39*, 41, 47, *48*, 49, 51, *56*, [59], [60], *62*, 64, [65], 66, 67, 68, *69*, 72, 80, *81*, 84, 86, *95*, *97*, *99*, *100*, [110], [111], [112], [113], *122*, *125*, [127], [128], [129], *131*, 132, 133, *134*

Gehirn und Biochemie

[2], *6*, [24], *34*, [35], [40], [45], [55], *[58]*, [77], *90*, *92*, *96*, *98*, [104], [106], 108, *[109]*, [115], *117*, *118*, *119*, [127], [129], *[130]*

Medizin und Bio-Feedback

3, *7*, *11*, 12, 18, *20*, 21, 22, *23*, 25, 26, 27, *28*, 33, *34*, *36*, *39*, [40], *43*, [44], [45], *50*, [54], *56*, *57*, *[58]*, *61*, *62*, 63, [65], *75*, 80, *81*, 86, *89*, *97*, *98*, *99*, *100*, [107], *114*, *122*, *123*, *124*, [127], [129], [130], *131*, 132, 133, *134*

Programme (bevorzugte Nervenbahnen)

5, *6*, [8], [10], [14], [24], *53*, 94, *98*

SE (Streichel-Einheiten)

[8], [14], [15], [19], [24], *[38]*, *53*, *74*, [87], *121*

Stimuli-Verarbeitung und OR (inkl. N.E.M.)

6, *31*, [40], *52*, *[59]*, *70*, *76*, *83*, *117*, *118*, *119*, *120*, [127]

Psychologie (inkl. Sexualität)

1, 4, [8], [9], [14], [15], [19], 64, 73, [78], [79], 82, 87, 88, 93, 94, [101], [102], [103]

Entspannung und Meditation

[14], [17], [42], [91], 94, [126]

I. Register